寂寞的群衆

◉邱妙津／著

聯合文叢
093

目次

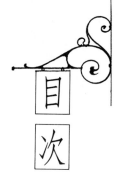

自述（代序）

邱妙津

毛姆說：（除非你形成了一種習慣，不然你是不能寫得好或多；但寫作的習慣就像生活的習慣一樣，只有在顯得沒有益處時，馬上就破除掉才有用。）

（職業作家創造心情，也有他的靈感，但他加以控制，藉著定時的工作，使靈感成爲他的奴婢，供他使喚。以後，寫作就變成一種習慣。作家在他已經習慣寫作的時間到來時，就會技癢，要去拿起紙和筆來寫。他就自動寫起來了，字語容易地從筆下流瀉出來，而自語又引發觀念。）

如今我面對到寫作生涯中一個最基本且決定性的困難，也是向寫作生涯邁出去的第一個關鍵。即寫作枯竭的高原。這個枯竭化的問題，包括幾個層面：(1)生活秩序的安排。(2)內在精神的活潑性。(3)在枯竭寫作狀態之中的面對。(4)寫作對整體生命建構的再定位。(5)小說表達習慣的維持。

(4)：我知道自己對寫作的決心，我必須先成爲一個作家之後，才可能成爲別的，我要把我的這一生奉獻給文學。這樣的獻身是我在早期時代中即種下的人生渴望。關於文學的感情到底是什麼呢？它幾乎是最貼近我人生的眞實，也建造了我主要的世界觀，我想把自己投進去參與這個世界，成爲創造這個世界的一員。

使用文字，這幾乎是我的第二天性，把我生命裡的材料化爲文字，幾乎是我最大的享樂。完成一個「精神構圖」的作品時，那份完成感，或等待那份完成感，在完成的刹那就是我活著最巔峰的一刻。我可能在一生中還可以完成別的事，我可以成立家庭，擁有物質生活，拍電影，治療病人，完成學位、教學，發表論文，或是推廣某些運動，擔任高級社會網絡裡的樞紐，跑遍全球各地，但是，在我臨死之前我還是會惦記著要把那些最重要的、我經歷過的精神材料，以我最私人的方式表達出來，因爲它們最接近我。

(1)：如果不是全然的「獻身」，就什麼也沒有。這是寫作的第一定律，我必須牢記在心。怎麼說呢？如果我想達成在文學創作上的理想，而不只是偶一爲之的伎倆，就必須把它當成「職業」來經營，否則技藝不會純熟，學習不能精進，也不會走到自成體系的地步。只是憑一時短暫的熱情而寫，熱情或情緒消失了就沒辦法寫，最終是愈來愈不能生產文字。不行，我必須先做好這件事再談其他這就是我的「一技之長」，且是非常專門的「一人之技」，只有我自己可以鑽研出這樣的「一技」，唯有以「職業」的態度才有可能讓這套技藝成爲我駕馭自己的工具。

所以，在生活秩序上，我總是要將「寫」這個動作排在一個生活最重要的位置，排在一個頭腦最清醒，在堅持上可以夠份量的時段中。長期而言，我也必須將固定的創作量當成第一安排的考慮，並且爲這固定的創作量做儲存內容的活動安排。並且，在「寫」的時段中，以一種「受雇於人」的嚴謹上班態度；「寫」就是主要工作，無論是以計時或計量的工作要求。就是要運轉「寫」這個動作。

(3)和(5)主要就是建立一套「寫作方法學」。這方法學也就是我個人在這條路上摸索的經驗累積，自建的資料庫和工作流程的制度化。如今我爲「寫」所花費的一分一毫時間，我所面對的寫作狀態的任何一個切面，都將成爲「寫作」的外部經驗，都是「寫作」必要的一環。我得邊寫邊建立這套方法學。

(2)內在精神的基態，可能是寫作最根本最核心的發動器。我不能停止爲它加材火，即使沒有別的外在來源的材火，我也得自生內在的源頭活水。那是一種生存的基本態度——隨時保持更進入存在，與自己的內在對話，以「情」觀看周遭的任何人事物，對任何原生的現象加以創造性的想像，更高級地發展「自我意識」。

一九九一年十月廿五日

哈——啾

八、（本題爲額外加分題，非畢業班同學請勿作答10％）

綜合你大學這四年的學習經驗，請回答╳╳系的╳╳學是什麼？

╳╳系四年級 N7058008盧大林

八、如此短的篇幅（加上這麼少的分數）要回答這個大問題是說不盡的，學生只得先回歸到教科書的定義：「╳╳學是一門研究╳╳的行爲和現象的科學。我們使用統計學、╳╳實驗法和╳╳科學作爲基礎的方法學，要求精確、客觀、絕對地掌握到╳╳運作的普遍原理、原則，了解人類未知關於╳╳的性質，以更能預測、控制╳╳現象，進而建立更多可信賴的眞理，在實際關於╳╳的應用及其他科學領域的結合上，增進人類生活更大的幸福。

╳╳系四年級 N7058025張克倫

八、老師，關於這個題目我不知道您要我們回答的是哪個方向的答案，我試圖揣測您的心意，雖然我總是無法討好您。我想您心裡有預設的答案，否則您不會出這種問題，因爲以我上過您課的經驗（雖然沒有很多），但我確信您自己也不明瞭這個問題。如果要我搬出教科書那一大段話，那並非代表我所了解的，因爲那只是空洞的文字遊戲，我能背得出那段偉大的文字，卻尚未體會到那其中所要說服我們的，因此關於這個問題我什麼也不知道。

所以說了一堆話都等於廢話，ＸＸ學可能也是這樣，但是我也不知道。

大林坐在試場上東張西望，直到剩下二、三個人，他才捨不得地從位置上站起來，邊走向講台還邊巡視著他的答案卷。走到講台前劉老大露出打算作弄他的笑意，用力拍了下他的頭（大林的長相在此介紹一下，他有一張像廟裡所畫冥府「餓死鬼」的臉，眼睛明顯一大一小，大眼眼白還上翻，酒漕大鼻，嘴唇打開裡面兩排黃湮板牙，上排和下排老對不準，笑起來嘴裂大了，還會看到裡面缺牙的大窟窿，但是他大笑時給人醜陋得很盡情的放心感），問他今天爲什麼這麼早交卷，沒留到最後一個？大林縮了縮兩邊腮幫子，上嘴唇略蓋在下嘴唇上，眼神故作神祕，什麼也沒說，向問話的教授鞠了躬踱出教室。劉老大雖逗大林不成，卻確定這個他熟悉的學生發生更可以娛樂他的新聞。

大林走出教室，下課的電子鐘聲剛好發作，他還是被驚嚇到，但他自認表現得不露聲色。他靦腆地朝散在走道和系館門口的同學送發笑容（他的造型是把兩邊嘴角橫向撐開，嘴成一闊扁的船型，也許他意識到這樣可以笑而不露出牙齒湮黃的地方），遇到學弟他就如劉老大拍他的方法用力拍一下他們，他顯得英氣風發。但是進出於這棟小小的系館（這裡幾乎是他大學四年的主要活動空間），他的英氣常常在兩類人靠近他五公尺內時暫時吹滅，一類是他選定的美女，一類是他賜與他們和他同等「英氣」地位的男同學。

張克倫蹲在系館台階的最上一級（哦，這裡的地形是這樣的，要進入系館前要先爬上幾級的階梯，然後露出一片平台，平台左右兩邊銜接教室，盡頭是掛著「××科系」、「××研究所」名牌的玻璃大門。平台由磚紅色幾何圖案的磁磚拼成），像電影「鳥人」裡「鳥人」的姿勢。大林一推開玻璃門，在隔第六公尺時英氣就熄了，他抬頭眞正看到張克倫，猶豫一下到底要不要走近旁邊牆壁的一排信插。

（盧大林，昨晚寢室有人打電話找你，一個中文系的女孩子）

克倫一聞到一股混合著樟腦和汗臭的濃味，冷冷地叫住大林。

（哦，謝謝）大林聽到克倫背著他突然發出聲音，又被驚嚇到，不過這次他來不及控制住他自己，忍不住露出「啊」的嘴型，使他懊惱起來。然後他又集中全力要消滅他的懊惱，因爲這懊惱可能又要牽連出什麼來，然後讓他一整天都像一塊毛茸茸的破抹布。

（怎麼？開始追女人了？要不要我教你幾招男人的武功？）

（不，……不是，……沒有啦，……嘻，只是開始……）

克倫原本一點都沒想捉弄大林，但一見他滑稽的表情，就又受到誘惑，要看他能把滑稽表現得多淋漓盡致。克倫接觸的人數量非常大，生活裡人來人往，在他幾乎要以爲每個人都一樣時，大林容易困窘的天才吸引了他，大三開始就特地搬進大林的寢室和他住在一起。如今他已經非常知道怎麼樣讓大林這種美麗的天賦一片片綻放開。

（那個女孩子很不錯，還在電話裡跟我閒聊了很久）

（你，你不要告訴我她跟你說了什麼）大林一聽到克倫能跟她談很久，想必已幫他獲得關於她的資料，立刻感到想了解這些的欲望大大地在誘惑著他，然而他要對付這個可能令克倫嘲笑的欲望。他為自已能表現出不在乎的男子氣概得意。

（她說她很喜歡像你這樣把理工科唸得那麼好的男生，她崇拜有科學頭腦的人）

（不要再說女人的事了，我要去實驗室作實驗）

大林眞想拔腿就跑，聽到她在克倫前稱讚他的話，使他獲得意淫般樂欲的滿足，他自己都可以感覺到銷魂的紅蒸氣飄到臉上，但這少有的樂欲也是悲苦，因為在他的觀念裡，仍然擺脫不掉要喜愛這玩意兒的心是最邪惡的。更何況是要在克倫這個人面前這麼邪惡，定要被他瞧不起的。

克倫見他已經從閃過一絲興奮轉到十分嚴肅的表情，且開始微微地東張西望，快轉著眼睛，就產生又褻瀆了這個純潔童子的輕微快樂。他也知道如果他不說些什麼話幫忙大林，他很難自己脫離緊張的場面。

（你快去作實驗好了，不要擋在這裡，我還要等人呢）

大林一走進實驗室，裡面凌亂一片，實驗台上各種手術刀、電極、小動物的內臟、砧板、化學藥品等都像剛被使用過般。角落的飼養箱裡關著上百隻的白老鼠，每隻都又肥又大，被關在分隔開一間間的小鐵籠裡，鐵籠前面有一個小溝槽，溝槽中放一些黃色小圓柱形的食料及插著一瓶喝水的奶瓶。

實驗室裡特殊的藥水味使大林渾身不舒服，他趕緊從衣架上取下他的實驗衣，拿出白口罩。他打開白老鼠的門，隨便抓出一隻，瞪著眼想像自己是個兇狠的惡魔，用電擊棒在白老鼠的身上夾著測試一些生理反應。

在這個地方，他總能全神貫注地享受自虐的快感。在大學前所有的實驗課時間是令他最痛苦的，理化實驗裡加熱、化學變化等這些略帶危險性的事令他害怕，生物課解剖任何小動物時，他也只能把手遮住雙眼，因爲這樣的弱點使他蒙受許多屈辱。所以上了大學後，他把自己放置進實驗室與他的屈辱作戰，這自虐裡同時包含了怯懦的激發和懲罰。

劉老大從洗手間走出要回研究室（劉老大的稱呼不知從何時起在學生間流傳，據說是因爲這位敎授爲人海派），經過A實驗室往裡瞧，發現大林單獨在裡面。對於這個全系聞名的怪胎學生他倒是情有獨鍾，從一些實驗的課堂上他觀察到這個學生之於作科學實驗有股特殊的決心，加上一些很難意會的情緒，以及看準了他性格的不善世俗裡與人交往的事物，斷定大林是他尋覓多年的實驗室接棒人。

（大林，只有你一個人在啊）

（教授……，您好……）

（我問你是不是一個在這裡，沒聽到啊）

（哦，是……對的）

（你講話一向這麼結結巴巴的嗎）

（是碰到教授才會這麼緊張，嗯……，對啊）

（幹麼？教授又不是鬼）

（不是……，我從沒有這樣一個人跟教授單獨在實驗室裡）

（那麼，是實驗室的緣故囉）

（嗯……，大概是吧，感覺很可怕）

（你這種感覺跟我年輕時很像）

（教授年輕時也跟另一個教授這樣單獨在實驗室裡嗎）

（笨蛋，難道你就只能想到相同的東西嗎？我看你想像力這麼貧乏，怎麼像我一樣在實驗室裡作出東西喲）

大林聽到劉老大這麼說他，馬上閉緊唇，不願再說任何話。對於劉老大這位系上實驗派大將，他從踏進系門開始，就崇拜得五體投地。在他們這個系上充斥著從各個不同國度放洋回來的××學博士，其中找不到兩個所認同的××學觀念和使用的××學方法是相同的。但是對於劉老大這樣一位花了十年代價在美國實驗界奮鬥，終於搬回一張第一流××科系燙金的實驗博士證書的人，全系老老少少有著共同的崇敬。

（算了，我懶得跟你兜圈子，你沒有我當年的聰明和伶俐）

（嗯……，我既笨又懶）

（你喜歡作實驗是嗎）

（啊？作實驗？我……大概是，我……我不知道）

（不然你幹麼一天到晚往實驗室跑，我常看到，你一個人在實驗室裡一待就是一上午或一下午，然後出神地在操作儀器）

（有嗎?只是沒有別的事好做）

（對了，這可能就是證明你喜歡作實驗的最好原因，我們實驗××學是不管你心裡那些怎麼說都可以的理由，我們只管「事實」，「事實」你懂嗎?「事實」就是我常看到你一個人跑到實驗室裡來，用術語來說：〈盧大林每週平均到實驗室作實驗三次，每次平均作實驗四小時，維持這樣的頻率長達三年〉，你明白嗎?在這類簡單的敘述裡我說不定可以掌握到控制你這個人的方法，這就是我們實驗學的偉大，你懂嗎?你就是要被我證明你喜歡做實驗，哈哈，事實就是眞理）

劉老大忘我地發表滔滔不絕的演說，雖然他的年齡已接近五十，但說起話來精力旺盛、盛氣凌人不輸給剛回國的年輕××學博士們。

（對，我是喜歡做實驗，我熱愛做實驗，我想要在實驗室裡控制所有的變因，產生我指定的結果，我看到被實驗的白老鼠完全被我操縱，我可以爲所欲爲對牠們，我會性興奮，還有動物流血時我會哭……）

大林不顧一切地說著，像滿滿水槽底的栓子被拔開，有點接近歇斯底里。劉老大充滿陽剛性和制伏別人力量的說話方式，常常在課堂上使他溶化在裡面，他渴望獲得他那種力量，在夢裡他常常就會搖身一變變爲這類的男人。此刻，他這麼近地站在劉老大的魅力前，毫無抵抗力地就歸順到他的意志底下了。

（好，很好，你也大四了吧？在準備考系上研究所？嗯，太好了，我正需要你這樣的接班人，不，這要看你夠不夠格。起碼我現在急需有學生幫我作實驗，我要建立一批實驗派人馬）

（教授是要我……，要我跟著你做實驗？）

（沒錯，你跟定我了，研究所也不用準備了）

（可是……，我一定得考上研究所，我想繼續作實驗，那是我的夢想，考不上……）

（好了，少婆婆媽媽了，看得我心煩，跟著我作實驗，我指導你進行一個新的實驗計畫，最近教育部公布一個「直升研究所」的方案，我們系裡只保送一個，跟著我包準你成爲系史上第一個保送生。怎麼樣？）

（那樣……，我就一定可以保送研究所嗎？可是……，不是有別人也想直升嗎？）

（難道你敢不相信我嗎？沒錯，因爲是剛開放，競爭會很激烈，而且不怕你知道內幕，這也是我們教授間競爭的新戰場。保送直升的學生必須提出研究計畫經審核，原本這個名額絕對會由我們實驗組的指導學生晉升，但是最近我收到攻擊我的學術成就的匿名信，我猜是系上的某教授，我擔心他會暗中指導學生奪走這個名額，打擊我們實驗組在系上的地位。不過你放心跟著我，系上從系主任到教授、副教授、講師，百分之七十是完全的實驗信仰者，另外的即使不走這個路線，也是受我們系裡基本的實驗訓練出來的，要推翻我們的勢力簡直是天方夜譚。）

大林就在劉老大那自信的聲音裡被催眠了，不知道自己怎麼答應他的，好像在他面前，他自己就什麼都不用想，只要不斷說「好、好」，劉老大早就什麼都幫他計算好、推論好，他變得很輕鬆，也沒辦法往劉老大假設好的前提所規範出的系統以外作「反思考」。大林感覺到像找到生命領航者般地滿足。

大林疲倦地走進三〇三寢室，滿屋子菸酒味，他還分得出菸是白長壽，酒是金門高粱，這兩種東西是克倫他們那幫「竹林幫」的嗜好品。

果不其然，克倫和他的那幾個狐群狗黨（大林偷偷這麼認爲）在四張雙層鐵床上東倒西歪橫躺著，其中還有兩三個脫掉褲子當衆手淫起來，其他人也都發出野獸般的囈語或淫穢的呻吟聲。地板上幾本孔恩的「科學革命的結構」也被橫七豎八丟棄。

大林必須每週忍受這種侮辱一次，雖然他已經極力避免在這個時間進入寢室，但由於「竹林幫」聚會的時間不固定，總是防不勝防。每次撞見這些人敗德的惡狀，他就會滿臉通紅、汗毛冷豎，他總是被這些非理性、破壞秩序的人所激怒及羞辱，但他從來不敢表現出任何抗議的情緒，因爲對於他們這類人他有莫名的害怕。只好像隻安靜的貓般爬到上鋪把眼、耳、鼻、整個人用棉被緊緊包裹起來。

（爲Dr.陳那個大笨蛋、大白癡、大懦夫，他是不是準備拋棄我們，改投奔到主流實驗派的陣營旗下，去做一隻實證主義的豬，去向我們這個世紀最偉大的科學神搖尾乞憐，祈求它接受他這個末世猶大？）那是古倫的聲音。

（對啊，他有多久沒來參加我們的聚會了，這算什麼？他把我們當猴耍嗎？鼓吹我們組織這個「反科學」的讀書會，受到一點壓力最先開溜的人卻是他？）這次說話的是研一的阿丁。

（我們才不是可以任人利用了來作爲權力鬥爭工具的小寶貝呢，如果他背叛我們，我們要怎麼對付他？）年紀最小才大三的狗頭也在大放厥辭。

（停、停、停，你們這些人才眞的是豬玀呢，常識上你們犯了從情緒出發否定別人的錯誤，知識上難道你們忘記了Dr.陳一再要我們有的觀念：作批判前必須先掌握細節？你們這麼快地對Dr.陳作了一個粗糙的判斷，只說明了一件事：他的教育徹底失敗，哈哈……）最驕傲的鍋巴已經唸到研二了。

克倫自從搬進三〇三，也剛好加入「竹林幫」，從此他的大學生活除了睡覺、抽菸、喝酒、勾搭處女上床以外，又多出一個新主題：「反科學」。當他發現這個地下組織時，它才剛被Dr.陳的雙手放進搖籃裡，他就非常義勇地加入，直到現在仍處處流露出一副開國元勳的神氣。當時「竹林幫」的氣氛實在太符合他那混合著偏激理想及頹廢嗜癖的性格……

（孔恩那傢伙該下十九層地獄，一副儼然「科學祭司」的嘴臉，說什麼**科學有自己的合理性並決定了自己的合理性，應不受干擾**，狗屁，助紂爲虐）克倫又開始發表高論。（你這個半吊子，到底有沒有把「科學革命的結構」看完？就在那裡亂吠，前半句關於自己的合理性是說得沒錯，只是後面「應不受干擾」問題可大著呢？如果科學沒有外部標準制衡或檢查，整個基本領域「基本意識型態」的錯誤就很可怕。）被他們叫做豬面的可能是唯一的外系學生，他最少說話，但說起話來最正常、中肯。

（怎麼樣，我就是要吠，旺、旺、旺……，打倒科學神，知識無神論萬萬歲……）克倫嚷吼著，從上層鐵床上跳起來朝地上的「科學革命的結構」射精。

（克倫，劉教授叫我跟你說……，你的「實驗法」被當了，他叫你準備唸第五年……）

大林緊抓著棉被，發著抖在衆聲喧囂間，使盡吃奶的全部力氣說完，他底下的墊被已尿溼一片，全場鴉雀無聲。

系務會議上，自從下學期一開學就沒在系上露過臉達兩個月的Dr.陳終於出現。四樓的會議室擠得水洩不通，從大一到研究生各個年級都各有一些實驗派的信徒和愛慕反對派Dr.陳的異敎徒擁兵前來觀看這次風雲詭譎的會議。

這次系務會議的幕後操縱人正是克倫，他以系代身分，憑著高段的政治手腕及系上無人匹敵的人脈關係，挾天子以令諸侯，架空系學會長，取得整個系學會的支持配合。

他們首先舉辦系列演講，總主題爲「××科學方法學的最新發展與批判」，一方面請來系上幾位被尊爲「××學泰斗」、「××學才子」的敎授對××學現今的發展作感人的宗敎性演說，再安排最後幾場演講由專精「科學哲學」或旁門左道修煉成雜家的革命分子對台灣的××學研究狀況作赤裸裸的批判。

另一方面，每場演講，「竹林幫」都埋伏在聽衆席上，作破壞或強化講演傳播效果的工作，將聽衆的視聽導向革命分子。

演講結束後，同學間彼此都感染到一股懷疑的信息，對於系上所傳授知識系統的信心普遍受到動搖。克倫收成輿論的成果，在系館外牆上張貼大字報，讓同學間蘊釀好的各式牢騷發酵出來，不出他所料，很快地有人在大字報上提出舉辦座談會的動議，接著愈來愈多人附議，要求學生間結合起來思考「我們到底被教了什麼」的問題。

系上各年級正相互刺激舉行各式小型座談的同時，克倫又抓緊這次難得出現的群眾熱情，使了個不正當的小手段，透過各種無意間的管道，散發「Dr.陳因反對系上學術當權派而受軟性壓迫，可能準備掛冠求去」的謠言。學生們感性和知性的情緒因而澎湃到一頂點，認爲必須發爲行動進行實質改革的共識水到渠成。最後克倫被全系學生會推派去向系主任要求召開「臨時系務會議」，進行全系師生大對談，針對所有關於系上教育行政體制及學術的課程表做總檢討。

克倫若無其事地坐在Dr.陳旁邊，用眼角的餘光掃視這個壯觀的場面，低著頭假裝做一名專心記錄員的樣子，心底波動著微笑的皺紋。

（我剛剛參加完全美實驗XX學年會回國，一下飛機劉教授來接我，叫我趕來主持這次會議。他說我出國這一陣子他幾乎快代理不了我的位置，聽說系學會帶頭搞出很多名堂，快天下大亂了，會長，倒是請你報告看看你們想幹什麼）系主任漲紅一張團團臉，拿起議程表不耐煩地搧風。

（主任，您不在這一段期間系學會舉辦了一些關於本系ＸＸ學教育系統探討的演講，後來同學間又發起對系上行政制度檢討的座談，結論是我們希望能重新制定課程表，並且修改系上所有強制學生學習方向的行政規定。）大三的系學會長非常從容地把克倫事先交代他的台詞說出。

（這是什麼話，課程表有什麼不對的，我們系比起其它系還不夠民主嗎？我們系根本沒什麼強制規定，眞是胡鬧）系主任邊努力壓制他的氣憤說話，邊向坐滿長形圓桌周圍的教授們掃視，像是急須他們的贊同。站在圓桌另一端唯一代表學生席位的會長感受到逼人的壓力，也頻頻以眼神向克倫求助。

（主任，容我幫會長解釋一下。我想他的意思不是課程表不對，也不是指責系上不夠民主，而是想幫學生爭取到更多的權利，制定他們理想中的課程，免去他們所不要的學習步驟，讓系上更民主。但是我想請問會長，學生有權利決定自己該學什麼、採取怎樣的學習步驟嗎）劉老大很快站起來採取氣度寬容的漂亮論辯姿態。圍觀的學生群中馬上有人爆出掌聲，「竹林幫」則發出非常壓抑的噓聲。

（這個……，沒錯，決定教育方針是校方的事，制定課程也一向由系務會議負責，這些都須要依靠你們這些專家的知識。但是你們起碼也應該聽聽我們學生的感受和須要吧，所以應該有個機會讓教授和學生們一起來談談）會長趕緊避開問題。

（會長，我來幫你說。我們系上的科學教育再不檢討，別說要追上西方的研究水準、建立本國的××學了，連拾人家牙慧的資格都沒有。系上覺得××學學生必須修的「必修課」，那些「作爲一切研究基礎」的課程，是怎麼訂出來的？是系主任一個人關在辦公室想出來的？還是集合全部教授舉手表決出來的？還是全世界大學公訂的××學課程標準？「必修課」三個字沒有強制規定嗎？碩博士班論文被要求要有實證性的研究過程和論證結果這種「默契」不是強制規定嗎？——這些措施是爲了什麼？難道不是學術利益的保護制度嗎）克倫終究受不了會長的軟弱態度，從幕後跳到幕前來。

（張克倫，你是最沒有資格說這些話的人，你在系上唸了四年，你曾花過心思了解這些課程裡的哪一科嗎，你哪一科必修課不是重修才勉強通過的？沒有進入這套知識系統的人怎麼有資格懷疑這張課程表的必須性？各位同學，如果你們乖乖地唸到研究所，肚子累積了足夠系上所傳授的基本知識，才能夠對這門科學本身進行任何批判，就像是不懂實驗的人，如何來跟我談我的實驗教學有沒有用一樣。你們如果要發洩受教育的挫折，大可透過別的管道，不要被人利用在這裡進行空洞的批評——張克倫，我看你才是在爲你畢不了業這件事作利益的奮鬥吧。）劉老大銳利地點出克倫的弱點，使克倫出乎意料地楞在那裡，學生們發出騷動聲。

（主任，各位教授，剛剛教授所講的是很重要的一部分，也讓我來說一點點看法吧？其實今天我來看到學生們能自動地思考起這些「他們被教了什麼」的根源性問題，乃至把他們的思考過程落實在實踐行動上，要求主動參與課程設計，我非常高興。無論這個結論在我們教授的價值判斷底下是對還錯，我們誰都沒辦法說他們是絕對的對還錯，但是這整個過程鼓勵他們自己去探索一門特殊知識在學院裡被傳授的限制和可能性，這裡面可以增加的成熟或許是一門普遍知識。至於什麼樣的知識可以批判劉教授的實驗，恐怕也在這門普遍知識裡，而非一個標準答案。）

Dr.陳面帶春風般的笑容，謙虛與自信調和均勻地說完一段總結評論的話，習慣性地用手輕撫一下他平整的短髮，拉拉他的兩片西裝領，風度優雅地坐下來，繼續他左手置於胸前、右手支著下巴的聆聽姿勢。包圍全場的學生靜默幾秒後，一致作出熱烈的鼓掌，掌聲持續幾分鐘仍不停，會議桌前的十幾位教授尷尬地彼此互望。

大林站在克倫座位後面，正對著惱羞成怒的劉老大，他臉上露出一種大林已能了解的表情，即驕傲受挫的冷漠嚴肅，很快地遮掩住他一閃而過的怒容，他湊近身向旁邊頻頻說著「胡鬧」的系主任耳語。大林對於他心中這個偶像第一次產生這麼深切的同情，他幾乎要以爲那是近乎愛情的，他帶著羞赧地認定自己是體會到了「地下室手記」裡，妓女不顧一切要去投向受屈辱男主角的心情。

另一方面，他從一開始就認定克倫和「竹林幫」是陰謀分子，他們的那套「作戰計畫」，他是躲在棉被裡頭跟著參與完的，從那時起他就害怕這一天的到來。他實在不明白克倫他們想幹什麼，但肯定是要跟系上的教授們作對，他想他們到底跟教授們有什麼深仇大恨，但眼睜睜地看著他所虔誠相信且遵從的教授們和教授所代表的傳統被攻擊。他握緊拳頭，相信他自己眞的生氣了。

大林爲自己畫一張生活計畫表，用兩張全開圖畫紙拼成，貼在座位旁靠窗的牆面上，將剩下的一個多月，他必須做實驗提出直升甄選的研究成果，做了二十四小時的計畫。每天淸晨六點鐘就要起床，到實驗室照顧那十隻小白鼠，耐心地餵食牠們、淸除糞便，然後把牠們一隻隻抓到儀器前進行各種遊戲和生理測試，觀察並記錄這些結果，再根據劉老大訂下變更飲食「剝奪條件」的計畫，循序給小白鼠製造出新的生活狀況，中午跟傍晚還要再各去兩次。劉老大常交代他，若想要成爲一個好的實驗學者，必須先把自己對自己的控制力訓練出來，一方面要把自己的生活過得像一張嚴密又精確的實驗報告表，另一方面整個人無論如何要長出一顆有秩序和「理性」的頭腦來，這樣才能駕馭好實驗裡所有的流程和細節。

他想到自己正在爲捍衛劉老大以及系上實驗派傳統所做的奮鬥，不禁被自己感動得想嚎啕大哭。他下定決心要不管克倫他們那些人在系上演出的野心鬧劇，默默地獻身給他們所反對的傳統，用具體的實驗成果證明劉老大所信仰的方法就是唯一有價值的方法。雖然系上沒有人會了解到他如此自我犧牲的偉大性，甚至劉老大也不會明瞭他在這個犧牲裡扮演的關鍵性角色，但是他盧大林可見的未來就要埋進實驗室裡了，他認爲這就是他的「英氣」最終要勝過克倫的證明，且它將是一個「可見」的證明。

（盧大林，又是你的信，有香水味的……）克倫急急推開寢室的門，大林正打著赤膊，慌慌張張地拉襯衫遮掩住上半身。

（什…什麼？又是我的啊）大林露出要忍住得意的樣子。

（是不是最近一直寫信給你，常常被我接到電話那個女孩子）

（沒什麼啦，你不要問）他不自覺地把椅子往牆上倚，保持跟克倫之間所需的六公尺安全距離，又把兩邊嘴角往外撐，做了個扁船型的「大林微笑」。

（爲什麼都沒看到你出去跟她約會）

（剛開始她說只是和我交筆友，沒想到……）大林忍不住說露嘴，這是他大學四年第一次有機會和女孩來往，很怕被克倫知道太多，他趕緊用手捂住嘴巴。

（嘿嘿，你瞞不了我的……，上次我還偸看到一封你寫給她的信，說什麼……我們談戀愛要有計畫、有理性，先光寫信三個月，確定對方的內涵值得交往，再每週打電話一次，半年後如果證明彼此都對對方有耐心、有興趣再正式見面，我們絕對要小心控制彼此非理性的情緒，感情也要當成一件工作一樣認眞，它須要產生出一些「事實」出來，否則我們怎能彼此相信，一時胡來的心情是無法當眞的。）克倫裝出很嚴肅的聲調，背出一段大林的信，大林氣得站起來隨便走動，還踔倒他放在地上煮著泡麵的小電鍋。

克倫每當回到宿舍，接觸到困窘天才大林，就會同時引發想「啓動」他來玩玩的衝動，又想以某種指導的男性方式憐惜他。雖然他知道大林一向傾心於他想挑戰的實驗派霸權，也成了劉惡霸的登門弟子，爲鞏固實驗派長久以來的江山助紂爲虐，但在輕視他對社交事務的無能底下，對他還藏有另一絲尊敬。是關於他能無須任何懷疑或追問根本問題，一點點相信就能接受爲全心全意的信仰，在別人給他的一小套規範和方法裡，畫出一個又一個相同或稍稍不一樣的圈圈，專注、認眞且似有無限耐心，不須要有大一點的不滿和大一點的野心。

所以他看大林的生活像個連操作速率都固定的圓規，在他眼裡轉和轉，轉得他自己都快暈了，常會想上去把他的發條折斷。可是大林在系上就有本事一科科地拿全班最高分，他確實把他那張紅紅綠綠的可笑生活計畫表裡每件事都做好了，在這些克倫最無能的方面他一件又一件小小的成功，卻又叫克倫難以忍受地屈辱。

（不知道怎麼搞的，照我的計畫我們應該進行電話交往快一個月了，可是我從來沒接過她的電話，她又說她住的地方沒電話，少數電話又都被你接到，怎麼辦…你看她會不會不喜歡我？）大林摸了下他下巴的鬍渣，咬住他左臉頰的肌肉，左腮幫凹進一塊，非常吃力地向克倫請教。

（你放心，她不是在信上說她非常喜歡你的「科學化愛情」，願意全力配合嗎？你不是常講凡事要有證據嗎？如果她不喜歡你怎麼願意一封接一封給你寫信又打電話呢？所有的事實不是都照你所預計地在發生嗎？）

（你……怎麼連她的信都看過？）大林驚訝得緊緊用上嘴唇咬住下嘴唇，心裡又因克倫的權威性解釋歡喜得不得了。

（好啦，你的胖老鼠養得如何？做那種「愚公移山」的差事不覺得無聊嗎？）

（怎……怎麼這樣說？做實驗就是這樣啊，可能做一個很大範圍裡的很小部分，也許只找到一條很小的規則，但是你知道那多迷人嗎？這條規則是無論何時何地都一樣的哦，它被我證明出來之後就會被所有人公認爲永遠的眞理了，並且它是在公認的科學標準底下作嚴格精密的設計，每一步你都找不到錯誤、駁不倒的。除了照這樣做，否則你說的任何話，別人都可以從科學立場反駁你，怎麼叫人接受，根本一點意義都沒有。）大林聽到克倫對於實驗派說不敬的話，這一陣子累積在心中對他的敵意如水壩般洩洪。

（科學不是不好，它有它的有效成果，但就是被你們這些人喜歡做權威的奴隸，又喜歡做奴隸的權威，拿它的那套標準壓制別的標準，拿它的知識傲慢別的知識，最後自認爲是唯一公認的客觀標準，把別的知識消滅得差不多。然後再霸道地說別人說的話，如果通不過科學標準的質問就一點意義也沒有，根本就是新的神權嚒。）

克倫一聽到大林慷慨激昂地發表完前面那番話，心中火冒三丈。想到大林的盲目順從個性竟在這個地方發揮得淋漓盡致，不禁對他輕蔑得咬牙切齒，恨不得衝上去刮他兩個耳光。更何況他從大林剛才發表高見的眼裡看見炯炯的自信與驕傲，這是他極少展現的銳利眼神，克倫難以忍受，像是刺傷了他一向隱於深處關於大林所代表的自卑，他在心裡大吼：「這個侏儒憑什麼對我說那些自大的話」。

自從克倫升上大三，加入Dr.陳所帶領的「竹林幫」，跟著Dr.陳讀一些有關「科學史」、「科學與文明」、「科學方法理論」、「科學的意識型態」方面的書，受Dr.陳這位留歐拿「理論××學」博士學位的年輕野心分子啓蒙後，世界就像對他敞開了一大扇天窗。Dr.陳從前是系上碩士班畢業的高材生，就是對於系上只傳授美國某一學派的知識，且全盤接受爲「一切研究的基礎」，此一盲目壟斷現象深感不滿，立誓學成後回國後做一顆爲科學思想教育扎根的種子。

但克倫嫌Dr.陳的野心太小，速度太慢，常笑他是只能獨善其身的「小知識分子」，他認爲系上的知識壟斷現象之所以長久以來愈演愈烈，不只是學生缺乏思想教育的緣故，更重要的是關於人的權力制度問題，由於系上大部分的教授都從某種知識教育背景出來，他們雖然看法歧異很大，但對於標準的價值信仰卻是共同的，所以不但只能傳授這套價值的知識，也只接受信仰相同價值的同事進入，慢慢地整個系失去互相質疑關於價值和目的的能力，如此惡性循環，也坐視無辜的知識淪爲極權惡霸。因此他認爲首先要採取的是政治手段，破壞原有穩固的權力平衡，再爲新的知識搶得一席權力地位，之後Dr.陳這種柔性種子才有平安的環境開花結果。

（不談這些打高空的大道理了，我倒是很想知道在你那個漫長又機械化的實驗過程裡，你眞的喜歡嗎?你眞的能享受那個過程嗎）克倫清清嗓子，告訴自己沒必要跟這個侏儒斤斤計較，於是放軟態度。

（過程啊……眞的是滿無聊的，相同的程序要做上百次，就一個人關在小房間裡哦，再說其實我也很害怕在……，不過享受的是成果，想到自己做的是全世界都要遵守的規則，直到你死後它都還會在，就會鼓舞人堅持下去，耐心地去達到科學裡的各種要求）大林似乎完全放鬆戒備，開朗地談起這個他所擅長的話題。還一邊笑不自勝地露出他嘴裡的黃牙和大窟窿，令克倫噁心。

（如果你知道你所做的任何結果都會在死後被推翻，那麼做這件事還會有意義嗎）

經過「臨時系務會議」的鬥爭後，雖然在輿論上更炒熱了課程主權問題，也刺激了一些學生去質疑系上的學術傳統，更出乎意料地爲 Dr. 陳塑造了英雄的地位。但教授們最終仍自己關起門來開了次正式的系務會議，決議爲了安撫學生情緒，系務會議上容許一名學生代表旁聽，可以表示意見但沒有表決權。「竹林幫」一致深惡痛絕系上這些大老的冥頑不化，死握權力不放，認爲非得展開破壞性的地下攻勢不可，再也不乞求體制內的革新了。

劉老大對於 Dr.陳的仇視愈來愈深，加以「臨時系務會議」上，Dr.陳竟敢當著學生的面削他的威風，他一口咬定攻擊他的匿名信就是 Dr.陳所寫的。他已經放出風聲勢必要「收復江山」，禁止他所指導的研究生不准修 Dr.陳的課，鍋巴被他拿來第一個開刀，把他的碩士論文駁回。也故意把他教的必修課時間調到 Dr.陳教的選修課同時，要以他學生人數龐大的必然優勢向 Dr.陳課堂窘迫的人數示威。他甚至挑選這個共同上課的時間，隔著一條走道的對面就是 Dr.陳上課的教室，用麥克風向學生朗誦那封匿名信——

親愛的劉教授：

收信平安。我是一名你所熟識的同事，也曾是坐在講台下爲你的滔滔辯才喝采拜服的學生，於是如今甘冒大不韙向你提出關於您平日思考上的盲點，僅供參考，只當是師生間的閒話家常。

你的口頭禪之一：「沒有比科學更好的了，現代社會的成果就是最好的證明。」這是一種自證式的幻覺，科學壓制其它傳統的知識，獨大形成現代社會，然後再用科學的標準判定這樣的成果是最好的。

您的口頭禪之二：「我們所有的努力都是爲了普遍的法則，而客觀是基本要求」。歷史上證明到現在爲止沒有絕對客觀和放之四海皆準的眞理，每一個偉大的革命性思想最後又會被推翻，每一種因宣稱客觀而要掃除其它傳統之主觀的眞理，總要再被歷史證明它只是無能察覺自身的主觀而製造了更大的謬誤。

您的口頭禪之三：「你的東西不能標準化，沒有信度、效度，有什麼用」。科學的理性只是一種特殊的理性，它不能成爲最高的價值評判尺度，它的合理性只能處理自身領域發展出來的過程，對於非源自這個傳統的知識它所能呈現的是相對關係的價值判定。

所以總結以上您的三句口頭禪，請您以後勿再灌輸學生這種封閉性的意識型態，因爲這不是科學自身的問題，而是使用科學的人態度偏狹造成的。我花了很多年才洗乾淨自己受這種態度影響的餘毒，讓各種價值重新在我心中如一座花園，任蜂媒自由地播散花粉，開放地交流，我的學弟妹們未必如此幸運了。

敬祝　教安

知名不具

劉老大邊克制著憤怒，冷笑著有條不紊地唸完全封信，然後以毫不在乎甚至帶點溫柔的表情，緩緩地把信撕成碎片。這類他視之爲純粹誹謗挑釁的事，他不是沒處理過，一般而言這類人的動機若不是因爲被排在權力核心之外，想藉一連串打擊他的行動分到一杯羹；就是他曾經得罪過他們，導致他們似乎非得使出下流的手段來把他弄髒不可。但這次這個人心理更變態了，竟敢直接寫信給他又挑明了身分，對付這類事他絕對不會默默挨打的，尤其這次他更要鐵漢般地激烈還擊。

當劉老大正義憤塡膺地控訴系上竟有這樣的敗類老師，更殺雞警猴地叫同學們以後不要做自掘門牆的事，走下講台朝對門喊說這封信將交由系務會議懲戒。偌大的教室幾條走道上紛紛有學生帶著書本離開座位，矮著身子偷偷地向後門移動，後來的人乾脆堂而皇之地走出去。而對面 Dr.陳的教室登時擠得水泄不通，連走道上都鋪滿席地而坐的人。克倫和「竹林幫」正忙著分發祕密製作的「教學評鑑表」。

那封信果然被提交到上級，聽說上面交代劉老大只要能找到方法證明信是Dr.陳寫的，就要懲戒他。上面似乎完全聽劉老大的，系上的教授們在這個關鍵點上也立刻分成兩派，除了兩、三個人同情Dr.陳外，其他的人都把他當成洪水猛獸般厭棄。

Dr.陳住在學校教職員宿舍裡，每當黃昏天邊暈上層疊彩色霞光時，他都會穿著白色汗衫、黑色短褲，戴起厚重的黑框眼鏡在操場上慢跑。克倫自從他不再到「竹林幫」去帶讀書會後，經常都在此時坐在跑道旁的草坪上，躲在一棵大樹幹後面注視他跑步的樣子。

「竹林幫」分子已一致通過要與他絕裂，以後彼此各行其事。Dr.陳平常看到他們也只是親切地微笑，他們全都當他成陌生人，冷漠地擦身而過。克倫常感覺到自己想激動地衝上前攔下他說許多話，但他心底的自尊卻容不得原諒他，他怎麼可以傳給他們一項事業後，拋棄他們而去呢？每當想起這個亦師亦友的啓萌人，他就搞不清楚自己所做的究竟在幹什麼，與他之間的精神裂痕，此刻更在蔚紅的天幕和油綠的地母之間，被寂寞醃漬得痛開來。

（爲什麼不再來教我們）克倫發現他正喘著氣走向他，仍然面帶溫煦的微笑，不自在地把身子往後坐，搶先防衛性地發言。

（我教完你們了啊，沒辦法再教給你們別的東西，因爲你們可以自己思考了，這就是我的目的。你們思考的結論是要採取政治行動，雖然和我的結論不同，但是相對價值的關係，再教你們下去，我沒把握不導向我所反對的「灌輸」。你們的下一程學習只能在實踐裡體會了，我對「政治」完全不行，只好退出囉）Dr.陳輕輕坐下來，用白衣角擦黑框眼鏡。

（爲什麼會說完全不行？所以才要軟弱地當一隻不吭聲的鴕鳥嗎）

（唉……，年輕熱血沸騰時試過，很快就迷失了心智。即使現在也沒有把握自己有足夠的智慧，使用純粹不傷害別人的方法來達到強迫什麼東西改變的目的，也沒什麼目的是絕對重要的，唉……）

（你有收到劉惡霸瘋狗亂咬人的信嗎）

（嗯……，那件事一點都不重要。……對了，明天你要參加直升甄試的口頭報告準備好了嗎）

兩個人一起散步到操場外的岔路，揮手分道揚鑣，克倫走了一段路後偷偷回頭，目送他低著頭疲憊地且跑且走的身軀，背影在經過水銀燈的區域時反射純白的亮光，及至隱入黑暗地帶，樹蔭篩成的圖紋仍在他衣衫背部流離……

克倫回到宿舍時，穿著一身的黑，黑色的飛行外套、皮緊身褲、黑手套，還戴著只露出眼睛的黑色毛頭套，天已矇矇亮，整夜未睡，眼睛瘦澀無比。大林竟跪著身體縮在書桌底下的凹洞裡，還用椅子擋住風口，然後在身體四周塞滿衣服棉被，克倫扯開這些東西，把頭湊近桌子底下，他的黑色頭套沒蜷拿掉，把大林驚醒嚇得全身顫抖。只見大林懷中抱著一隻小白鼠，牠安詳地合著眼縮在大林臂彎裡，他不小心觸到大林的額頭，才發現他全身發燙。

他扶大林到床上，他堅持生病的小白鼠要睡在他身旁，克倫不敢告訴他小白鼠全身冰冷已死掉了。克倫就一直坐在床沿幫大林換冰毛巾，望著這一幕——沒有月光，但連空氣中的灰塵都在陰暗中透著清白，大林張開湮黃的大嘴，抱著死去的小白鼠露出奇醜的滿足微笑。他心裡瞬間裂湧出溫柔的酸汁，像有另一個他站在窗外告訴他，他之所以能如此地去傷害別人，主要是因爲他什麼也沒用心靈去體會到，不管之於他所贊成或反對的，所以他內在愈空洞他就愈認爲自己有能力去否定別人。

（克倫，她說她一點都不喜歡我這隻沒有感情、不通人性的「科學怪豬」，我想談戀愛是遠比作實驗還複雜多了，那套不能用哦……）

隔天早上十點，系上演講廳已聚滿人，十位教授正襟危坐在第一排，劉老大坐在正中央系主任的隔壁。Dr.陳則坐在最後面的角落裡。所有人都期待著這系史上首次的直升幸運兒誕生。鐘聲敲完最後一下，參加甄試的兩位主角大林和克倫才匆忙跌撞進來，克倫編號一號先走上講台。

（張克倫該取消資格，他被我當了一科，根本不能畢業）劉老大在底下大聲疾呼。

（親愛的劉教授，很抱歉你尚未送出畢業成績。現在首先讓我來朗誦一篇精確、客觀描述的研究報告，題目叫做「科學神棍速描」——乳臭未乾的陳博士，你聽好

我拒絕承認曾有過你這樣一位才華過人足以羞辱師長的學生。不要仗恃著你在歐洲所學那一點皮毛的玩意兒，就想不自量力地到我面前班門弄斧，憑我在獨

領風騷近百年的美國苦熬十年的歷練，無論你是想跟我比思考的能力還是比鬥爭的手腕，在我們系上到目前爲止，我還沒找到一個值得我正眼瞧一下的對手。

你在信上指責我灌輸學生封閉性的意識型態，且強烈地想對科學不爭的優越做情緒性的否定。我一眼就能看出你在兩方面的愚蠢，在教育上你一定是個什麼都只懂皮毛的知識買辦，所以沒有任何關於正確知識的堅定信仰，只能用懷疑掩飾你的無知，身爲一個教育者就是有責任提供給學生最可靠且爲全世界公認的知識。另一方面對於眞理你又一定是個沒有追求意志的人，才能忍受讓謊言也和眞理有所謂「交流」的餘地，我們如果不全力推行一種最好的統一標準，這世界的混亂就會愈來愈嚴重。

說穿了你不過是空有野心的騎牆派草包罷了。）

克倫邊唸邊打了十個呵欠，劉老大滿臉鐵青。

（在此，我正式宣告我和劉教授之間的鬥爭結束了。幹完這件事算是替陳教授洗刷屈辱，之後我和劉教授、劉教授和陳教授之間的恩怨都扯平了，因爲劉教授收到的匿名信是我寫的，這封信也是昨晚我從陳教授那裡偷來的。大林，換你

表現了）

大林裹著肥厚的外套，脖上圍了圍巾，拿掉口罩，發著抖上台。

（非常抱歉，我交出來審核的實驗結果是我僞造的，我根本沒有殺死養的小白鼠剖開牠們的腦完成最後的步驟，我……不適合科學的理性）

大林在張大嘴快打噴嚏時趕緊用口罩蒙住嘴巴，教授們怒不可抑，群情譁然。

馬戲團的會議結束後，大林學克倫蹲在掛有「××學系」「××學研究所」的紅色平台階梯上，做出像電影「鳥人」裡「鳥人」的蹲姿。突然有人沿著一排信插的牆邊走過來，用力拍了他的背一下，大林回頭一看，一張塗脂抹粉的臉還披著面紗，底下穿著顏色鮮艷的花紋洋裝、黑色絲襪、細跟高跟鞋，迅速地揭開面紗嘟過來紅色口紅的嘴唇，身上散發著嗆鼻的香水味，手上遞出一封信——

（大林，我們可以去約會了，這是你的第二十封信）克倫說。

哈——啾——，大林說。

馬撤羅瓦解斷簡

春夏簡

（耶魯耶布魯——馬卡雅）佑我！佑我！

我現在從這個石孔看出去，月亮瑩黃圓絕，形成如此完美，一如馬卡雅所植女人胴體的靈象，僅見環形的天黑得沉穩。石孔是戰士的眼睛，紅彩鏤刻戰士的身形，彎弓射箭，背揹箭筒，臉側悲，上臂肌肥潤，半身裸裎，下身環鐵布裙。紅戰士附在方形巨岩上，十數個紅戰士疊站縱向天極。橫向紅戰士無盡聯結，每個戰士都目盲，他們沒有眼神，除了我身旁這隻殘疾的石孔。

馬撒羅神殿啊！降斯咒在今朝……

馬卡雅力量的集中，杜綠，它是我們種族的徽誌，中間有著半男半女的雙生圖案，銹色盾狀的符號。綠色的迷霧暴沙旋捲起，杜綠男女合生的圖形由螺旋尖底浮出，將我從黃沙岩穴的榻上旋走，螺旋殼體的尖底，馬撒羅神殿一點一滴出現，雙腿一屈，跪拜在地緊緊叩首不敢抬眼。

「我是娜羅我是娜羅我是娜羅」，娜羅全身都是紅色，所有眼前的一切都在杜綠裡，它擴大又縮小，巨大的精神力量把我和娜羅纏綁在一塊，娜羅紅色珠簾似的髮繞繫住我的頭盔角、甲冑、鐵布裙、手指、腿腳，身上的覆被都破裂離去。馬撤羅神像齊發出巨響，神殿裡每塊石壁都顫動，飛沙走石。

直到杜綠縮小到把我和娜羅縮合進中間的圖徵，我才觸及娜羅的肌膚，身爲馬卡雅的一名戰士，這一剎那我才經驗著我的觸覺是屬於我的，不再是馬卡雅的。

（我是男人）心底在說話。馬卡雅會憤怒，祂會收回我生命的力量，我超出種族之外了。娜羅閉合的眼突然睜開，光滑如晶玉的肌導動我心臟的激流，她眨動雙瞳，女性的生命力量從我體內馬卡雅的種慢慢流出。我體內的杜綠淸淸楚楚地被我看到，據尤克拉說只有初生時才看得到杜綠，它慢慢地從女性的半邊圖徵流過紅色到男性圖徵這一半，我的杜綠裡是完整的紅色圖案，叛徒。

我是阿敏西。是不是再也不會有人知道馬卡雅了？還是馬卡雅也將隨著我們這批子民而不復存在？亦或根本就從來沒有馬卡雅？非生命的東西永遠比生命更晚消失，眼前殿裡的火炬仍然熊熊地在燒，哈撒池的水澄澈依舊，在放射狀的溝渠中自由流通，石孔外的月亮高懸在它原來的位置。黃沙土被狂風拂亂它的總數卻維持不變。天地間似乎沒什麼增損，只是微細如蟻的一些人類發生命運的改動罷了。

尤克拉說。打從我的耳朵有聽的功能，就是只有尤克拉說，並且尤克拉說全部的族人都必須只聽尤克拉說，因爲只有尤克拉能聽到馬卡雅，其他人都只能感覺到祂。尤克拉說，看看我們夜間集體作夢的天賦，我們是天生屬夢的種族，這一切是源於馬卡雅，祂是我們的精神總體。連「馬卡雅」的稱呼也是他傳給我們的。

雕刻著成千上百個杜綠圖案的聖殿大門，雄渾地閘開。馬撒羅神殿這次完整地呈現在我面前，無數廷柱宛如白玉石筍般頂天矗立，四周紅色戰士的石雕綿密如織錦，每個紅戰士縫中點一小盞油燈，碧麗輝煌。

尤克拉正襟危坐在大殿的最上方，全身披掛著黃金胄甲，黃金布裙長及腳踝，胸前鑽石鑲成杜綠的圖徽。他閉著眼微笑說：「阿敏西，你來啦！」我應聲垂首作揖，行戰士禮左腿跪地右腿屈立，將頭彎叩在膝蓋上：「尤克拉，英明領袖！」

他張開眼，紅綠交錯的光射向我眼睛注視的地面，折向我的腿部，使我站直雙腿恢復姿勢。我才看清他的眼是菱形寶石狀。睜開時會不斷閃爍光芒，被他眼芒掃到的人身體都會變換姿勢。

「從今起你就是馬撤羅的新成員，子民們，接引他！」尤克拉向全場掃視一圈，手持鷹頭蛇身權杖震地數下，最外圈圍地低頭跪拜的族人都站起來，作節奏齊一踩地的歡迎儀式。

「什麼是我要承擔的責任？」我低頭問，不敢直視他的眼。

「一切只要你擔任代表」尤克拉又閉上眼，族人們接著跪下來，像一片黑色覆地的死靈魂，每個人的眼都是緊閉的。

「代表什麼？跟他們一樣嗎？」我轉頭指族人，立即飛過來一道紅光截斷我的右手手指，沒有流血，也不覺得痛。

「代表此刻馬撒羅之外在夢力裡成千上萬的族人，分享馬撒羅的榮光，注視馬撒羅會議的進行！」尤克拉拍擊座臂，從座位站起來，腳下左右各踩在一個裸身奴隸的背上，奴隸不知來自何處。「阿敏西‧跪下！」跪地的族人都發出驚惶的呼呼聲。奴隸的背上滿是疊印如熱烙的腳掌痕跡。

尤克拉將權杖頭朝右揮，數十個奴隸全身赤裸，下體陰部塗著三角黑漆，從寶座兩旁的暗道跑出，在尤克拉前跪成兩排。尤克拉踩在他們的背上走向座下走道的另一端，祭起神壇。

先宰殺一隻白羊，將白羊的血滴在一塊絹布上，在彎曲的白羊角塗蠟點火，用短刃鋸下兩隻羊角，雙手高舉兩隻火角，將血絹拋向高空引火焚燒。其中兩名奴隸半夾持半攙扶，將我驅趕到跪拜的外圍。

血絹燒盡的同時，尤克拉的走道兩側突然升起兩塊半月形的座台，兩塊合拼成一個圓。座台上赫然坐著成排的石像，每尊石像都連在石座上，石像的總數近百，整體望去像是渾然天成的地底大浮雕。

「馬撒羅諸神，裁奪馬卡雅族人的命運吧！」尤克拉雙手合掌，曲膝跪在神壇面前。

跪在我旁邊的一位族人巴都偷告訴我，馬撤羅是屬於我們族內最特殊的一類人，他們和尤克拉存活的年代一樣久遠。不知經過多少代，尤克拉和馬撤羅們彷彿是永遠不死的，甚至有人懷疑尤克拉和馬撤羅們是馬卡雅的第一代子民，他們也將要與馬卡雅同生死。

「也只有我能給你」閉合的眼彷彿被劈開，溫柔的眼神從一對女性的眼瞳流出來，凝然的石肌轉爲血色晶瑩，她四肢動了起來。

「爲什麼？」莫非這就是馬卡雅族的女性。

「是我選擇了你」她的聲音變得細膩，靠近我，以手執我的手，兩具身體快速地貼合，杜綠發出類似受傷的哀嚎聲，我倆被嵌合進中間男女合身的圖騰，劇痛暈厥過去。

春夏秋簡

神殿的火炬熊熊燃燒，一些木炭屑及碎石片從高處飄落，黑灰雜織，如神祇的冥典。池中倒映的火影將水煮得熾烈，這一切都是視力幻覺的錯誤，馬卡雅，應我，爲何中選者是我，祈請取走我的雙目。

尤克拉說馬卡雅族從來就只有「男性」，我們是最獨特的民族，我們的繁殖無須像別族透過兩性結合，直接由馬卡雅的力量中孕生人類的實體，每個人都生而爲馬卡雅的戰士。我們一生的命運，就是從馬卡雅降世再回歸馬卡雅，比起其它民族，我們是更純粹的一類，每個戰士的生存目的僅是爲了完成馬卡雅的超驗循環。

杜綠上男女合生的圖徵，它始終是族裡的秘密。夜裡我進入其它族人的精神，每個人內在都有關於女性的圖像，「女性」這種想像對我們是有意義的，但是除了我給它「女性」這個符號指稱出來之外，不曾有過一個族人說出或指出這個東西。我們都隱約感覺到某種需要，是與杜綠無以名之的圖徵相關的，但尤克拉，我們最高的權力者否定它，我們也就接受了自己對自己的否定。

一切都是爲了更高的精神意志而存在，生命的動力也由此分生，所以個別實體命運的細節和體內的內容，都必須被簡化成相同。馬卡雅，誰其知之！

娜羅來過之後，尤克拉說我是新一批成年戰士之中最優秀的，獲准參加馬撒羅會議。

一級一級的石階向石洞口疊升，首次光榮遴選進馬撒羅的年輕戰士，夜裡必須敞開岩穴洞口，用紅布鋪在石階上，長長的紅布延伸進地下穴中的床榻，馬撒羅的獨特夢力會來將戰士捲走。

阿敏隆，我的弟弟，與我在同一瞬間被馬卡雅孕生出，他躺在我對面的床榻上，比我更興奮地等待紅布將我捲走。穴內吹進大量黃沙，櫥櫃裡的瓶瓶罐罐晃動作響，連地上的蟲鼠類都感染到肅穆的氣氛，靜伏不動。

長長的紅布突如飛蛇朝我迅疾欺過來，從頭纏繞我數圈，蠻狠得使我眼眶出血鼻樑骨碎，再將我全身密密地纏緊，全身如千萬毒蛇嚙咬，肉體的痛全部集中成朝某個方向抽動的一種外力。

逐漸地痛麻木了，我開始覺得看得到，內在的靈視睜開來，我們的岩穴四壁如四片木片倒塌。所有地底隔開如蜂巢的一家家人的岩穴區，如今在我眼裡不再有任何物質作區隔，只有一個個闔眼進入夢力的族人。阿敏隆也在其中，他露出驕傲的微笑。

我們生活在這個海島上，環繞著特拉多海，爬到島上最高的雷布母峰就能看到整個島的面貌，以及天氣晴朗時隱約可見的隔岸大陸地。我們在這個島上白日所能實際看到的，只是族裡人數的極小部分，那就是每個人各自視覺能力的極限，除了尤克拉沒人能看見全部的族人。

但凡屬於夢力統治的人都是馬卡雅的族人。

每到夜晚，潮汐漲到最高點，海風呼嘯，樹林裡的鳥窣窣斂緊翅膀，成羣往高地飛，沿海防風林被颳成瘦骨的身體，最後一顆星辰也被濃霧隱沒時，凡馬卡雅的族人都會入睡。回到各自的岩穴，潔淨好身體，脫下胄甲鐵布裙，一律換上棉布白袍、虔誠地躺在臥榻上，等待夢力將我們領入馬卡雅族人的集體精神之流裡。

在夢力中，有一團核心，一般族人不能穿透感應，只能及於它的周圍，那是「馬撤羅」。馬撤羅是馬卡雅族人的心臟，所有關於種族的公共事務，事無大小都在馬撤羅裡被決定，然後這團核心會自動藉夢力輸送到我們各自的精神。除了這團核心，我們能在夜夢裡與其它族人的精神自由地流通，融成一塊大的精神合體，在集體的精神力量之中獲得滋養修補。

冰涼的水滴一顆顆間斷有序的滴到我的額頭，沿著眉尖筆直滑下鼻頭，水慢慢地從堅固的岩塊間滲透進來。撫著心愛剛被折斷的豎琴，它只剩兩根絃在木柄身體上，輕撥其中一根，再撥另一根，發出單獨空洞的聲音，以熟悉琴絃彈性的手韻律性地同時滑過，合成的也是粗嘎的聲音。捏緊我的四指，再伸張開它們，只剩握這筆寫這斷簡是唯一能做的事。螞蟻逃水，爬上我的臉，正懷著仇恨地嚙咬眼皮。

最中間的馬撤羅神像在我跪拜不敢抬眼時爆裂開，分裂的石塊飄浮在神殿的空氣中，凝住不動，每塊石塊破裂的邊緣成扭動的線條，（我就是我的杜綠），大概我的靈魂已被我體內的杜綠攜出體外，（我的身體呢），一點重量感都沒有，神殿的形象也呈迷離的樣貌，連神殿的形象也在杜綠裡，隨著杜綠的蠕動而漲縮。

「娜羅是什麼？」我竭力導動精神之流，企圖讓眼前女人的靈象感應到我內在的聲音。

「暫時你還沒必要知道」女人盲著眼發出冰冷的聲音，四壁回聲擊打我如實物。

「我還能再進入我的身體嗎」我一導動精神之流，杜綠就更急速地運動，但女人一發出回應，我就不再需要施任何力量，她身上以一股吸吮的勢力將我的內在聲音吸乾。

「當然可以，你只是比其他人多獲得私夢的權力」她的嘴形微笑著顯示得意，眉毛開始輕眨著，滿身的紅稍稍溫潤。

「是由於你嗎？」在與她精神對流的同時，她凝固如雕塑的身體從破裂開的神像朝我緩緩移近，對我造成壓迫的恐慌。

「馬卡雅的子民，久遠久遠以前。你們的祖先共同選出馬撤羅，由馬撤羅組成最高的立法決策團體，代替人民治理種族的事務，編定了馬卡雅的法典。我，尤克拉，就是根據這部法典，由馬撤羅選定的領袖，執行馬撤羅的決議，這一切都是馬卡雅的旨意。

至今，我和馬撤羅們都未死，我們仍必須執行我們神聖的職務，偉大的馬卡雅如此告訴我。子民們，你們如今代表殿外的其他族人，監督馬撤羅處理你們這一代的事務，也代表他們獻給不朽的馬撤羅無限的尊崇。」

每個馬撤羅都坐在高背的石椅上，保持一隻手臂放在椅臂上，另一隻則屈靠在胸前的固定姿勢，左右兩邊的馬撤羅各側著半邊臉朝向中間走道上的尤克拉。據說馬撤羅們就職時馬卡雅曾秘密現身，親自爲他們每個人戴上羚羊角的假面頭套，手部釘繫上一隻吸血毒蠍，以賦予他們超能力。如今爲時太久，羚羊角頭和毒蠍手形已替代了馬撤羅原本的肉身。

「高撤，今晚我們有哪些問題要解決？」尤克拉問。高撤是會議進行時主持程序的馬撤羅。

「稟告尤克拉，據行政長達汗那邊提供給我們的資料，我們才知道最近發生幾起叛逆分子脫出夢力的事件，一些馬撒羅們提議修改法典，加重對這些叛逆分子的處罰。」高撒發出非常低沉沙啞的聲音，彷彿一個隨時可能斷氣的老人。這是第一個萬年馬撒羅的聲音。

「嗯，這也正是我憂慮的。只要我們生而爲馬卡雅的子民，至死都屬於馬卡雅，只要是馬卡雅的子民都必須受到夢力的統治。這些叛逆，非但企圖拋棄自身的命運，並且到處散播否定馬撒羅合法性的言論，凡是背叛馬卡雅的人都必須領受馬卡雅的嚴懲。高撒，你們做個決定吧，尤克拉的權限只是執行你們的決定。」尤克拉說。

「過去爲了怕刺激一些偏袒叛逆的族人，對他們的懲罰太輕了，再這樣繼續下去，會有愈來愈多人受到迷惑」第二個馬撒羅說。

「對，馬撒羅下由全部的族人所共同選出，上有馬卡雅所賦的神聖職權，反對馬撒羅就是與人民爲敵，就會觸怒馬卡雅降災與民。」第三個馬撒羅說……

在一片討伐聲中，這些舉止如化石般的馬撒羅凝聚他們的敵愾同仇。高撒問全部的馬撤羅是否有人有異議，如果沒有就表示一致通過。一片沉默後，每個馬撤羅都從假面的缺口露出一種尊嚴的微笑，彷彿說著他們的勝利是必然且高下不可侵的。

在最角落裡，有一個裂痕遍佈石身的馬撤羅，沒有微笑。

春夏秋冬簡

自從我可以從石孔看到外面的月亮後，紅戰士頭形下身軀部分的岩石，向後滑開成一個淺穴道，剛好可以容納我的身體。我蜷縮在這裡仰躺著，手抵著穴道的上壁，撐開我撕下的一塊衣襟，用我隨身插在腰帶裡的一根炭筆，隨手寫點什麼。到底經過了多久，我沒有任何概念。雙眼可以看到黃沙將我的雙腳堆得看不見，穴道口只剩上方長方形的部分，尚可見到馬撤羅殿傳來的金黃色光影。

我是誰？我在哪裡？我從哪裡來？我在這裡做什麼？我將往何處去？是不是有人會看到我所記的斷簡，我一點都不在乎，只想讓一個叫阿敏西的人說著循環的謊言，肉身阿敏西的死或活反而不重要。

我阿敏西的一生，像活在鏡子的鏡子的鏡子……裡，多少人來告訴我歷史的歷史的歷史……，至死我才明瞭一件事：謊言的謊言……比眞實更眞實。

在時間的某一點，娜羅來打破我最外面的鏡子，揭穿一層歷史的扭曲，她與我完成男女的交媾，啓開我靈魂裡私夢的樞鈕。從此我擁有一種神秘的能力：能自由地做我個人的夢，這塊夢田是僅屬於我的隱私地。夜晚我繼續僞裝成與族人相同，進入集體的夢境。白日我則常能在私夢裡再進入與娜羅交媾的瞬間。我懷著巨大秘密的恐懼。

阿敏隆闖進我的私夢了。在夢中，我與娜羅在杜綠裡結合，突然瞥見一張支離破碎的臉，鼻子在額頭處，兩眼跑到兩耳的位置，嘴巴拉寬橫在兩眼的地方，下巴糊露出骨，但就是知道阿敏隆來了。半清醒過來，背上有重量感，翻過身，發現阿敏隆正將他的性器插進我的肛門。他投向我慚愧抱歉的眼神。

我和阿敏隆住在同一個石穴裡二十年了，我能了解他精神的深度大概也和其他族人一樣，都是在夢力中可以游進的部分。但我叫他弟弟，常想身體要比他還晚消失，否則他會傷心，他常莫名哭泣。

阿敏隆告訴我運用私夢力可以闖進尤克拉的私夢，可以在他的私夢裡鞭斥他，了解種族歷史的眞相。他教我如何僞裝潛入白日尤克拉所住的米索岩穴，我拒絕，只想保有與娜羅交媾的秘密。

「來者誰？你這個面目破碎的恐怖惡魔？」

「尤克拉，你顫慄、你發抖、你把你的腸胃都吐出來吧，我是你體外的靈魂，我代表你寄放在馬卡雅的良心來鞭打你的肉身。」

「聖靈，難道這就是你的形象嗎？幾萬年前我曾在對岸陸地，馬卡雅帝國存放古籍的地窖裡，讀到關於體外靈魂的記載，如此說來我離永生不遠了嗎？」

「只要你仍然繼續矇蔽你海島上的子民，你的靈就永遠脫離不了腐敗的肉身回到馬卡雅這邊永生的靈來。」

「我矇蔽我的子民什麼？」

「你編造歷史的謊言讓他們以爲海島就是他們的祖國，你假馬卡雅之名總攬地面的一切權勢，斬斷他們的夢力與對岸祖國相通的臍帶，令他們漸漸忘卻來源。」

「耶魯耶布魯——馬卡雅知我，我的所作所爲不但是爲了海島子民的存續，也是爲了整個馬卡雅帝國的復興。這一代的子民已完全不知除了海島外，尚有另一個馬卡雅帝國的本土，萬一他們知道而想推翻我，回歸帝國的統治，那將是他們萬劫不復的慘劇。」

「這麼說，你根本可以完全擺脫『馬卡雅』之名，重新爲海島的子民編造一種精神母體之名和另一套族譜系。否則，你教人民信仰的精神祖國之名，在地面上反而是『他人之國』的實體，將造成人民分裂的精神性。」

「只要他們不知就沒問題。這個海島是我復興馬卡雅帝國的希望。」

「你的貪婪已把你靈魂新鮮的肉啃盡，尤克拉，看清楚你現在只是存放古籍地窖裡的一隻髒老鼠罷了！」

「不，我是正統的統治者，他們是叛徒！」

這是阿敏隆闖進尤克拉私夢裡的對話。也間軍衛長率領一隊鐵布軍拘押著十幾個囚犯，不知走了幾百里遠，黃沙滾滾。阿敏隆得意地說著他的驚奇歷險，聽到囚犯們的呻吟聲，立刻拉著我衝出岩穴。

也間趁著白日對脫夢者處以極刑，拖著他們走過所有族人的岩穴前。夕陽西斜，囚犯們用一根很長的粗麻繩纏成一列，每個囚犯都踩在前一個囚犯斜長的陰影裡，從囚犯赤裸的腿肉間滑下蛆般的凝血塊，斑斑血跡將長影串起如一條紅河。也間手持一條皮鞭，大搖大擺地繞著隊伍任意抽打。當他高喊「馬卡雅，懲罰祢的叛徒！」時，站在囚犯左右的衛士，就用長劍削去囚犯的手或足或部分臉或身體側的那塊肉，一個接一個囚犯肢體殘缺不支倒地，其他人便踩在他們殘廢的身體上，繼續被拖向前。這是原已消失在地窖古籍裡的「肢解刑」，全新地從眼前這些人記憶的歷史中如虹彩般升起，且只在這些人的腦袋裡。

「自欺的結構，馬卡雅，我咀咒祢！」最後一個倒地的囚犯，朝空呼吼了一句後，匍匐在黃沙堆上，全身右半邊肉幾乎被削、刺、鑿、戳到泥爛的地步，四肢皆殘，只剩圓鼓鼓一團血染白骨的肉團。沿途結聚緊跟隊伍的族人們，噗哧一聲全數跪倒在地，遍野哀嚎，每張臉淌著黑色黏稠的淚汁，馬卡雅族人若流淚過多會乾竭硬化而死。

「是巴都。」我和阿敏隆爬到肉團旁邊，同時認出。「都是我的錯，我從你那裡獲得私夢的能力後，若搶早一步告訴巴都，他們就不必採取脫夢的手段了。夜來臨時頑強地跑出岩穴，拒絕躺在石榻上進入夢力的儀式，只是在作殉道式的白白犧牲。」阿敏隆是唯一沒有流淚的人，他臉色清白忽如娜羅臉部的細緻柔嫩。

「哥哥。我們倆雖同生，命運卻不相同，甚至相衝突。巴都死後，我就是島上唯一能對馬卡雅歷史作眞實見證的人，我將奔赴我的眞實生命，離開阿敏西弟弟的位置。」

阿敏隆脫下全身甲冑、布裙，全身赤裸，只留下紅色的腰帶，他剪下一撮巴都的髮塞進腰帶，再用手將巴都的血抹在下體陰部，成血紅三角。他從跪倒的族人間站起來，蒼白瘦弱身體扛起巴都的肉團。

「族人們，大聲說：尤克拉，還給我們繁殖和私夢的權利。」

「族人們，大聲說：馬撒羅，高貴的老妖怪沒資格管理我們。」

成千上萬的族人發出石磊般的怒吼，團團圍住尤克拉的米索岩穴。

是夜，尤克拉召開緊急馬撒羅會。夢力明顯變稀疏了，我不再感覺到與全部族人融成精神合體的升揚，在集體精神之流裡也彷彿要飄游得比過去更久，才能進入某個族人的精神。今夜，爲數驚人的族人共同脫出夢外，這次也間的衛兵怎麼抓也抓不完，他們打算在巴都倒地處建造一座黃沙塚，爲殉難者舉行火祭，在皎潔月光下靜坐整夜，直到尤克拉對他們有所回應。

「這一切都是那個帶頭巴都惹的禍！」尤克拉疲累地將身體癱在寶座上，不斷地用權杖的鷹頭敲擊奴隸的背，身上的黃金髮飾、黃金甲冑激烈晃動。「巴都是什麼人？」他問行政長達汗。

「巴都，天生聾啞，十歲時被抓進米索岩穴，負責清理尤克拉保存古籍的地窖。後來因表現忠誠，尤克拉賜瞎他的雙目，二十歲被選進馬撤羅神殿。」達汗驚恐地回答。

「竟然僞裝聾啞騙了我這麼多年。」他猛然睜開眼，憤怒的眼神掃過我們在外圍跪著的旁觀席，紅綠光刺向我們的喉嚨，如要被勒死，「賤民！讓你們代表進神殿還不知感恩！」旁觀席的人數今夜也減半。

「我主尤克拉，無須爲這種小事動氣，數萬年前，您帶著我們渡海暫避於這個蕞爾小島，為重返馬卡雅本土而儲備實力。因此豐澤了島民的生活，他們非但不知足，還妄想撼動馬撤羅和您的地位。」高撒舉起他的蠍形手，又吃力地放下。

「那是因為他們無知，不知道他們只是數百萬馬卡雅族人中的一小撮沙，而我們是代表數百萬族人在帶領他們的命運。」另一個馬撤羅站起來試圖拿掉假面，讓聲音能傳到別人耳中，卻把羊角折斷。

「無知才有幸福。我們費了那麼大力氣，將他們祖先之中知道馬撤羅來歷的人剪除，剝奪他們私夢的能力，就是要防止他們在私夢裡發現真正馬卡雅帝國的存在，因為他們怎麼也不可能了解如今統治馬卡雅那些叛徒的可怕。」這個馬撤羅氣勢較盛，是唯一聽到能不淪為喃喃自語，且語句中少中途歇斷的一位。

大部分的馬撤羅都只是開闔著嘴喃喃自語，極少數能說出清晰的話。但他們一致的看法是要尤克拉無須作任何反應，反抗分子自然會放棄。尤克拉低頭不語，陷入苦惱的沉思，高撒以為馬撤羅們已經揣摩到他的心意，下令針對百餘位馬撤羅的意見作最後計算，要求馬撤羅們在一個奴隸跪在他們面前時，若贊成完全不理會暴民則用蠍形手在他額上抓一道痕，若有其他意見則不費力地在他耳邊說。當結論如往常般呈現高度一致性時，馬撤羅們交頭接耳，沾沾自喜。

「不要再說了，我已作好決定——我要頒布新的神諭，擴充馬撤羅的人數，召開新的馬撤羅會。」尤克拉胸有成竹地站起來，將權杖拋向高空，奴隸們趕緊搶著接好。「尤克拉，英明領袖！」全體馬撤羅聞言大驚，紛紛拖起行動不便的石化身體，從石座上下來，俯地附和。

旁觀席上聽到這席秘密談話的人，都被下令丟進殿中的哈撒池內，幾十條大鱷魚爭相撲食，轉眼間什麼也沒留下，殿中只迴盪著鱷魚被激開的飢餓叫聲。我知其他總共十人殘餘下來，尤克拉聚強眼瞳中的光發出從沒見過的藍色，使我們十人倒地抽搐後，個個不再能說話。之後負責管理神殿的庫貢，捧來十套與馬撤羅相同的假面、首飾、胄甲、裙袍等裝備，置於半月形台座旁新增的石座上，強迫我們服下一種黑色藥丸。吞下藥丸後我感覺到左眼珠彷彿硬化了，其他人則發生在不同部位。

神殿的兩扇大門轟然倒塌。阿敏隆從巴都的口述中獲知一種方法，能對抗尤克拉在夢力裡無所不能的神力，將殉難者的體油收集起來，在火中澆著馬卡雅戰士的隨身短刃燒烤。尤克拉和馬撒羅，阿敏隆和手執短刃的反抗分子，雙方在夢力裡外僵持了三天三夜，阿敏隆首先率領族人重回夢力，憑著短刃衝破平日不能穿透感應的夢力核心，來到神殿，卸掉攬斷種族超靈神力的兩扇聖門。

「阿敏隆，你們來啦？很好。我正要召你們進來。」尤克拉威嚴地坐在黃金寶座上，馬撒羅們又回復我首次見到的石像姿勢。「我決定退位，馬撒羅已選出我剛出世的兒子布拉繼承王位。並且已選拔好你們之中的十個族人，加入新馬撒羅，代替你們行使決策的權利。這麼做，你們該滿意了吧？」

尤克拉下令新馬撒羅就職，十個人旁邊都站著一個衛兵監督我們穿戴起服飾。六個奴隸把角落那個全身裂痕的馬撒羅連石座一起抬到尤克拉面前，「站起來」尤克拉發出冷酷的聲音，他站起來唸了一串咒語，用權杖的鷹頭狠狠地敲在馬撒羅的羚羊角上，石像立刻照原來的裂痕碎開，一具全身紅色的女體站在族人眼前。尤克拉將鷹頭拔開，露出銳利的劍柄，將劍柄刺向她的喉部，再由喉部劃開胸、腹、到骨盆，兩手將女人的身體剝開，取出一個全身光潔的嬰兒——「他就是吾兒布拉！」

「阿敏西，阻止他，那是你的兒子。」我的體內隨著女人被劃開發出野獸般悽厲的慘叫，隨即聽到模糊的內在聲音。右眼看著神殿的一切，另一隻石化的左眼開始浮轉著靈視。紅色迷霧螺旋捲動，我又再次看到完整紅色的杜綠，它不再擴張和蠕動，逐漸萎縮。

「我是娜羅我是娜羅我是娜羅——這個族裡僅剩唯一具繁殖力的女人。」杜綠中女性的圖形一點一滴褪爲綠色。

「聽我說，尤克拉在這幾萬年裡慢慢地消滅女性，在我們遺傳的血液裡，『性』是通達眞正完全夢力的管道，在那裡我們是自由且永生的。經過這麼多的扭曲和罪業，已經沒有一個人擁有眞正的夢力了。」綠色如沙漏般流到另一半男性圖形。

「那我呢?你是不是要永遠消失在我夢裡?」內在的杜綠在哭泣。

「聽我說，沒時間了。消滅種族的方法是……寶座上方第三個紅戰士之左眼……鑿穿……」娜羅的身體急速扭曲變形，四肢斷裂脫離合處，腰也斬斷成兩段錯合著……左眼的娜羅和右眼重疊在一起，又恢復神殿中開膛剖肚的女人身體。

嬰兒呱呱哭叫。聖門倒塌後，飄游在夢力裡的其他族人也得以進來，如蛹生般的人潮，密密地蟻聚，擠滿神殿的每個角落。他們節奏齊一地跺地，歡呼的震地聲如崩山滾雷，眼前歷史性戲劇性的一幕令他們如癡如狂，高峰尖刺的情緒一經揭起，種族集體感應的天賦將這種情緒撩開，集體被推向瘋狂邊緣。

「啊——」尤克拉發出尖叫聲，阿敏隆趁著混亂，搶到尤克拉的劍柄刺向他的心臟。

「說，我們的族人到底還剩下多少？」阿敏隆斥問他。

「就這些了，一萬多人。」尤克拉勉強擠出一絲勝利的笑容。

「那，關於歷史眞相呢？」阿敏隆拔出劍柄，血濺到他的裸身上。

「哈……哈……哈」尤克拉大笑著，身體逐漸扭曲變形。

幾個奴隸抓住阿敏隆，扭打在一起。人民紛紛推倒馬撒羅，石化的身軀在地上碎成片片，讓狂亂的人蹂踏而過，一些馬撒羅的眼珠猶驕傲地圓睜著，在地上四處滾動。軍衛隊和人民彼此砍殺，殘缺的屍體橫陳。

「哥哥，你難道沒聽到娜羅說的嗎？快點，鑿穿左眼！」阿敏隆以更高層的私夢力進入我的精神，「哥哥，你已死，我感覺到你和馬撒羅一樣，吃了尤克拉控制你們的石化丸，靈永遠被鎖在石化的身體內，出不去。」我費盡辛苦，殺死阻擋的幾個衛士，爬上戰士的石壁，「哥哥，我將活，馬上要進入我的私夢裡，流浪，尋找馬卡雅帝國，哥哥！」我把隨身掛在白袍裡的小豎琴取出，敲斷木質手柄，用裡面的鐵骨鑿擊紅戰士的左眼。阿敏隆被推到池邊，砍傷五六處。

左眼鑿穿成一個孔洞，外面的月光露進來，是幻覺嗎？我就這麼攀附在石壁的縫隙間，看著他們，殿內所有的出口都被鬧下的石塊封死，四壁連綿不絕的紅戰士張開無數隻嘴，黃沙從每一隻嘴裡不疾不徐地漏出。人們恐慌，不知所措，於是更激烈地互相殘殺。

娜羅、阿敏西、布拉還有尤克拉，我所愛過的人，一個接一個被黃沙掩埋，直到底下已看不到任何身體。水開始美妙地從石壁的縫隙如珍珠般地滴出，澆息殘餘的火焰。從此一切都將美好，我躺進穴洞。

謊言隨著我死。阿敏西眞正擺脫夢力得以敘述和死亡。

寂寞的群衆

還能說什麼
　在屋簷上眺望那麼久
　踮紅了腳尖
　終於摔落
　霧
　　　　沒起

1

報紙，無數的報紙飄飛在空中。住在高樓裡的人們打開窗戶，將一疊疊的報紙朝底下的大街拋散，希望儘可能讓散在街上的黑鴉鴉人群拿到，鋪在地上過夜。整面高矗的牆同時從秩序的窗格裡伸出手，像成百的鴿翅振動。

白絮，你看，今晚雖然這麼多人湧上街，參加這項他們認爲有意義的活動，夜還是很寧靜的。幾乎每分報紙裡都印著那幀照片：我們親熱地搭肩，我留著一頭及肩的披髮、戴墨鏡、鼻下殘留鬍髭、黑西裝掛在右肩上，你則剪平齊的短髮、天藍大T恤、短褲、背上還是那包裝著全部家當的登山裝。我們都開心地露齒笑，雖然我有點僵。

此刻，我們就這麼搭著肩飛翔在寬闊的空中，靜靜地飄落，我們將一起友善地撫過人們的肩，覆滿整條街。

我眞想把搭在你肩上的手拿下來搖醒你，讓你聽聽底下如潮水的歡呼聲，我們是英雄，全世界的報紙刊著我們的照片。我們在下降，離地面剩十幾層樓，雲層旋轉，對街的玻璃大廈反射一大片一大片寒光，灼痛我墨鏡下的眼，我在這張報導我們是情侶的報紙裡……

祖國如何了，你很懸念吧？底下黑頭髮、黃皮膚的是一個個中國人，流著和我們相同的血液。我們還是這麼親近、保持微笑，但你到底在那裡，嗯，我們正在台灣……

愈來愈接近黑色的人群，我的壓迫感愈來愈大，千萬個我在全世界的報紙裡尋找千萬個你，縱橫在半空的電線以簡單的炭筆勾勒出夜的稜角。噢！幾張有我們照片的報紙已無聲抵達了……

從來都不是，我們根本不是情侶，我只是你的攝影師，正確地說是受雇於你，但我從不怕你，我是跟著你，把發生在你所參與的政治活動中值得記錄的畫面拍攝下來。

那天，香港一位記者在廣場逮到我，盤問我和你的關係，我說：「我是白絮的攝影師。」連忙背起相機追著你跑，陽光出奇扎眼。「她一個窮大學生怎麼花得起錢請攝影師？」他也追著我跑，我緊張得心噗通跳。你知道的，我很難自在地跟陌生人交談，尤其當別人要我解釋複雜的過程，或一句話說不清楚的感覺時。

我粗暴地叫了你的名字，你正戴著臂章，穿梭於席坐地上的學生群間，你馬上耐心地跑過來，笑著拉記者到一旁，之後莫名其妙要我搭好你的肩，咔嚓一聲，我們竟就被鎖定在全世界面前。那是我玩十幾年相機以來，第一次進鏡頭。

我又看到了，十二根巍峨的大柱子頂著層疊的屋簷，據著龐大空間的英雄殿堂，它前面的大廣場上鋪著草苗般綿密的學生。塗墨字的白布條、五顏六色的學校旗幟招搖，時弱時強的春風拂拍著，偶有帽子凌空騰滾，一切都乾苦苦的如橄欖的滋味……唉，這些東西我懷疑是否築在我腦裡，要不爲何我的視覺如此容易溶進這群流沙？

流沙外包圍著無邊的雲海，像泡沫，眼前的景象，分立在狹長街道兩岸的大塊樓房，溫馴靜伏。整齊交錯的擁擠窗格裡，似乎都拘限住一股壓抑的力量，亮晃晃的路燈，切割樓房邊緣的線條，閃著刀鋒般銳利的光芒……街道，往兩極漫溢興奮的人潮，雲海裡的泡沫從我腦漿不斷湧出、翻滾，中央一潭濡動的流沙……

我們就要掉在一個西裝男人的頭上了，他左手抱著小孩，右手一把扯下我們的報紙，嘟！弄痛你了嗎？沒關係，不哭！

「感謝各位前來支持這次的抗議行動，我們將組成智囊團、義工團及戰鬥部隊，要求政府主管，十月以前具體答覆我們所提出的三項要求。我們絕不接受敷衍、形式的官樣答案……。」

行動總指揮扯開嗓子，透過麥克風，迸出一串串嚴正的句子，不時雜著調整麥克風的聲音和咳嗽。群衆都情不自禁地熱烈鼓掌，口哨聲此起彼落尖拔著，激昂的聲浪一波波撞擊如巨石屹立的樓牆。

「我們要號召所有反壟斷的市民組成百萬雄兵，隨時準備爬上街頭。理性談判，不到最後關頭，絕不退出會議桌，和平不到最後關頭，絕不動用我們的百萬雄兵……」

你聽到了嗎？這是你最熟悉的，麥克風和群衆聲音的混合痙攣。你的國家至上主義、你的終極關懷，你說：「我們至深的存在感是根植在與人類血肉相連的共體經驗中。」你刀削的髮絲刺進雙目，「除了擁抱群衆外，我感覺不到沸騰的愛，虛風，那我會空得如你所追逐的純淨孤獨。」我漠然，神情鄙視。從不懂擁抱群衆怎會產生沸騰的愛，而純淨孤獨裡也絕不如你說是空的。但你喊我虛風時，短而輕促，彷佛就有我要的純淨。再多喊我幾次吧，虛風……虛風……虛風……

「我宣誓，為了推進祖國的民主化過程，為了祖國眞正的繁榮昌盛，為了偉大的祖國，不為一小撮陰謀家顚覆，為了十一億人民不在白色恐怖中喪失，我宣誓……今後將以『和平、奮鬥、救台北』來打這場戰爭……我要用年輕的生命誓死保衛天安門……我們的武器是『草席』、我們的戰術是『躺下來』……頭可斷、血可流，我們願用年輕生命戰鬥到只有一個人。」

你嬌弱的身軀突立、前傾，背景是著制服蹲坐著的高校學生，左手持著筒狀擴音器，右手隨著慷慨的聲調揮舞，攝影機的閃光燈紛紛擦爆出強光，交疊。總指揮以右手遮眼，下意識地伸手檢查西裝上的鈕扣，扶了下眼鏡，掏出手帕擦汗，站在上面的明明是你，額上綁白布條，「絕食」兩個字像兩隻憤怒的蜘蛛。你目光如炬，無視於任何閃光燈的逼視，我震驚於群衆面前的你，似有另一個靈魂生出，她有揚起十萬里巨塵的氣概……

我看不清了，這一切似隔著毛玻璃在窺視，毛玻璃上附著會折射出各色光線的顆粒，我凝視現在。現在的景象朦朧地流進，撞碎記憶中的時空，殘破的片段又流出毛玻璃，迷離，我觸不到……這裡畢竟是台灣，這裡的街道雖然寬敞，但容納不下人民廣場前深沉澎湃的情緒。這裡的各式高級建材，金屬、玻璃、大理石高貴且冷靜，一棟棟體態尊嚴的華廈，由壁肌裡呵出寒氣。

你注意到了嗎？逼視你的強光裡絕不會有我的閃光燈，我是廣場前唯一拒絕用鏡頭捕捉你的攝影師，我用我肉眼的鏡頭攝下更鮮活、更細緻的你。絕對不，我不能允許自己用我的藝術捕捉你，那是占據，更不要參與你。

所以看到我們被報導爲情侶的合照登出後，我眞的發火，把你從廣場裡的茫茫人海中揪出，照片撕下摔到你臉上。「你太不尊重我了，我警告過你幾次，我和你，還有你們的鬼運動無關，一點都不要牽扯到我！」你臉色轉白，「告訴記者我們是情侶，是顧全大局的權宜性策略，這樣我們可以合作得更順利，你也可以免於再被好奇的記者糾纏，請原諒！」

「這是欺騙，你忍心欺騙你偉大的祖國嗎？」我冷笑。

「你不原諒就算了，不必冷言諷刺，若想揭發我，擴音器在這裡，拿去啊！」你的聲音在顫抖。

「攝影藝術被你們這些蹧蹋了，它只是你們利用來彼此欺騙的工具。當然，爲了偉大的學生運動，犧牲我這麼個微不足道的人，對你是不算什麼的。」我咬牙切齒。

「是你自己不敢被人們注視，你病態地怕人吧？這才是你生氣的眞正原因。」嘴唇被你咬得瘀紫。

「住嘴，我沒什麼好怕的！」我啐了口痰在灰土上，把相機猛力往地上摜，支離破碎，然後走開，獨留你在冷風。

現在我還聽得到，鏡頭破碎了，每片碎片上都染著一滴你的血。我總是這樣待你，沒辦法，粗暴和驕傲是我防衛你的刺，我太恐懼在你面前輕而易舉地潰敗，以及你悠遊自在就飄忽進出我的心靈禁臠，叫我無法忍受。

在你面前，我是個無能保護自己，只能求助於卑劣手段的可悲男人。每天以殘忍和冷漠刮傷你，拙劣的演技像小丑，你洞穿且容忍著，儘量堅強不來碰我。但夜晚拖著腫脹的靈魂回到黑暗的巢穴時，被你容忍的地方自動潰爛成一攤，我舔著舔著，痛厥了，蒼蠅蚊子密密地蠕爬。

「爸爸，我們回家看電視！」小孩邊說邊揉玩報紙。

「是啊，在這裡反而看不清楚，晚間新聞一定會報導的，站在這裡像傻瓜，好無趣！」媽媽打了個大哈欠。

「慢點，我在研究台上演講的人，他每一句完全符合正義的話，怎麼能講得那麼理直氣壯？」西裝男人嚴肅地說，搶過報紙丟在地上。

我們回家吧！不要再吵架了，你說好不好！柏油路面黑亮亮，我的臉頰緊貼著地面，人們跳躍踩踏聲震得我耳膜好痛，你學我貼著看看，還有燥熱輕呼呼烘上來。這一切總會復原的，寧靜會再還給我們，到時候，你將看到世界也會有柔和的結束，正如台北的夜將在黯紫中消失一樣，別怕！

2

陽光從倉庫頂部的大窗格照進來，低頭雙手交纏的白絮坐陷進軍布吊床裡，時間一分一秒地過。她拂了下長髮，又換了另一隻手掌在上的纏法，而盧風只是躺在木地板上，望著屋頂上的破洞和破洞外的天空，兩個人都靜默。

「沒想到，沒想到我父親要我來幫他取的照片是你照的，他雜誌社裡新錄用的唯一攝影師，竟然就是你！」她抬起頭不好意思地說，他把頭轉過來朝她勉強微笑。

「上次我們在城裡打架的事你還記得吧？」她把身體移坐吊床邊緣，雙腳踏在木地板上。

「嗯。」他還是沒說什麼，旋踢了下右腿去揮趕一隻蒼蠅。

「那只相機壞了吧？當時的傷勢後來有敷藥嗎？那群圍打你的路人沒再追上你吧？」她問得有點心慌，面對這個沉默的男人。

「欸。」他用力瞧了她一眼，閃過一絲好奇，再點點頭。

從走進這間門戶洞開的廢棄倉庫到現在，眼前天藍條紋襯衫，天藍牛仔褲的人連一句完整的話都沒說過。剛走進來時使力地喊：「凌先生在家嗎？」都沒人應，爬上通屋頂的木梯子，發現原來還有木板隔出來的第二層「閣樓」。她蜷縮在矮桌子旁看一本書，對「入侵者」沒半點聞問。他把照片交給她後，一聲不響繼續看書，一邊摸著腳邊的灰白貓。

她非常不安，實在不善於與這類悶不吭聲的人打交道，但對於認識的人卻不上前招呼，又違反她的本性，縱然對方不屑與她講話，她仍然要堅持她待人的方式，硬拉下臉問他：

「聊聊好嗎？」

研究所一年級結束的那段長假，她從北平的學校宿舍回到城郊小鎮的老家，認識了倉庫裡的那位怪人後，自告奮勇擔任起父親和他攝影師之間的聯絡人，頻繁地進出立在四周都是麥田中央的破敗倉庫。這是一處被不少人選擇吊死的聖地，少有鎮民敢接近。

她從他那裡取得的都是些風景照片，從極遠處統攝的、色調單純樸素，偶爾發現的人像攝影竟都是小孩的黑白照，他在攝影工作上透露出的某種偏執令父親頭痛。在這種偏僻的小鎮上絕少找得到懂攝影的人，上面分配人員又派不到這兒來，所以當初父親只好接受他所開出「自己決定拍攝內容」及「不到雜誌社坐辦公桌」的條件，但他也願意接受非正式編制的較低薪水。

她去了幾次倉庫，仍然對他有些畏懼。每次去他不是在外面種菜，就是和樓底下收容的滿屋子流浪動物玩，從沒看過他有任何訪客。而他的生活一週有大部分時間都到遠地做攝影旅行，只有一、兩天待在他的「家」裡，鎭上的居民甚至不知道倉庫裡住了這麼個人。

「聽我父親說你是從台灣回歸祖國的。」

黃昏時，她跟著他爬上通屋頂的細竹梯，竹梯震動發出令人兩腿發軟的聲音，停下來站在半空中問他，掩飾害怕。

「爬上屋頂再說，好嗎？」他從較高的竹梯上轉過身來回答。

「爲什麼你總是不願意跟別人說話?不行，我要你現在回答。」她聲音有點沙啞，像是一個委屈的弱者向強者控訴時，強撐著自尊。

他帶著憐憫地看了她一眼後，無言地爬上屋頂。

她緊緊抓住竹梯的木格梯子，隨著竹梯的震盪她也暈眩了起來，閉著眼猛往上爬。

「我有義務要回答你的問話嗎？」他悠閒地坐在蓋住屋簷破洞的木板上，示意她一手攀住洞緣，以免順著傾斜的屋瓦下滑。

「沒有，但是你連我以爲人跟人的基本關係都拒絕了，讓我傷心。」夕陽沉入遠方輪廓模糊的兩山坳間，麥桿由遠及近染上漸層的金黃光澤。

「哦？什麼是人與人的基本關係？」他驚奇地望著她，在幾十公尺高的天空裡，風少有阻礙地狂奔，捲動不少殘碎瓦礫。

「善啊！不管在形式上人們如何彼此參與，但在本質上人與人的起始點是以善相待，不是互相拒絕，不是嗎？」

「表面上人與人彼此接納似乎是善的，但對某些人而言，乾乾脆脆在他面前把大門砰一聲關上，才是善待他。」他取下斜背在肩上的相機，對準一隻停在屋簷前方的白鴿，牠時而鼓動雙翼大有凌空一躍的準備，時而揚高頭左右顧盼，像一個準備殉難前的驕傲貴族。

「你希望我在你面前乾乾脆脆把大門砰一聲關上嗎？」白架竟爲眼前這位拒人於千里之外的怪人感到心酸。

「是的，你闖進我的地盤又逼我說話，已經侵犯到我了！」他突然轉過頭來正視白絮，目不轉睛地盯著她的眼睛，這是他第一次面對她的目光，反令她嚇一跳。

「但是，爲什麼呢？」她心裡混合著罪過和羞慚，不知道他原來這麼強烈地不歡迎她。

「因爲我厭惡人、害怕人，你滿意了吧？」

夕陽不知何時沉到山坳下面，月卻還沒升起，頭頂不受一根針攔截的廣闊天空，像一匹剛織就好的純絲質布料，沒有任何光線對它進行切割，自然地陰暗起來。麥穗在靜止的風中窸窣摩擦，不再披著光澤，露出一顆顆在麥桿上粗糙的殼質，一大片麥浪，那麼理直氣壯地衍生，令人窒息。成V字隊形擦身飛過的鳥群，接走那隻猶疑的貴族鳥，透過墨水的天色，牠們的背影拖曳成一條淒清。

想想她近一個月與這個怪人的祕密交往，是她活在這世上二十幾年頗特別與人交往的經驗。他所代表的世界衝擊著她，她心裡有些未知名的島嶼露出尖頂，刺著她，但卻找不出在什麼座標上。雖然每次他都以沉默、視而不見的態度接待她，似乎連表示不歡迎、驅趕之意都不屑，但她心裡有一股強烈的聲音在告訴她：他一定不是這樣的。如今他親口說出「被她侵犯到了」的話，一舉粉碎她對人天眞的信任，也逼得她必須質疑起這一向自以爲的「善待他人」是否錯了。

一直有種虛假的感覺陪伴著她長大，說不出那是來自哪裡，也不知是從何時起她意識到它的存在。像蒼蠅一樣在她精神虛弱時停在她身上，伸手一揮又能很快趕走，連這種虛假的感覺也不很眞確。

她所處的是一個少有裂縫的世界，父親是縣裡文藝協會的黨書記，母親曾是有名的女詩人，在她十幾歲時去世。文革期間她年紀還小，發生過一些特別的事，隱約記得母親曾抱著她哭泣地踉蹌追趕一列人群，人群最核心血流滿面的父親腐敗著一張臉跪在地上，之後好幾年跟著母親住在全是阿姨婆婆的地方。直到母親死前一年，父親才回來，帶著一家人移到這個小鎭上。那一年裡他們倆對彼此都很客氣、尊敬，卻像兩個陌生人，全家充滿和諧、平靜的氣氛。

父親的名言是：「一切向前看，不要停下來懷疑什麼」，她所記得特別悲傷的兩次，一次是母親的去世，一次是隔壁的羅強，在和她相戀多年後，背棄她獨自離開小鎭，從此音訊杳然。這兩次父親都輕拍著她的肩膀說：「不要悲傷，讓事情過去，我們都還要再活下去。」

由於長期和父親相依爲命，父親在情緒上的收斂及向前看的生活態度，她幾乎是沒有懷疑地全盤接收。所以她與這世界間的裂縫都被巧妙地縫合了，而除了極少的時間外，她活在一個她與父親所合造的安詳、穩定的感覺裡。

隔了一陣子她都不敢再踏上往倉庫的小田埂，但怪人所拍攝的圖像、怪人所住的被流浪動物塡塞的空間、怪人年輕乾淨卻如冰般冷冽的臉、他身上混著草香和汗臭的特殊氣味，以及那句槍般射進她心中的「我厭惡人、害怕人」，交疊成她心裡一塊濃重的陰翳，勾動她心底某處莫名的感動與悲傷，對這個人產生心靈上很親、形體卻遙不可及的感覺。

她還是去了，只是尊重他、不再和他說話，他會自動把要交給父親的照片放在「閣樓」的書桌上，她則靜靜地幫他整理「書房」，打掃貓狗們在樓底的「家」，他沒有再表示什麼，默默接受她的好意，似乎已代表了較大的友善。她離開前在桌上寫一張紙條給他——

「想了很久，關於這兩個月我侵犯你封閉生活的事，我很抱歉！但我必須很誠實地說，你特殊的生活方式和氣質，在這段期間，一直盤據在我心上，對我造成一股魅惑，和成爲我接觸我騷動情緒底蘊的祕密管道，所以就這方面而言，我無法否認你對我的關係，即使這種與人的關係是你無謂的負擔，但我仍然要以最不侵犯你的方式，完成我以爲我們之間該有屬於人的關聯。我的假期即將結束，這一切都會自然再撫平的。下個禮拜我再來拿最後一批照片。

白絜」

這一天，他整天都沒出門，穿著短褲爬上屋頂，望著蛇般蜿蜒的田埂，等著她來，對於自己這樣的表現令他覺得淒苦，他發現自己遭受的侵犯太嚴重了。天色全黑，她細小的身影從黑幕中顫危地向前摸索，他又感受到體內那股想逃避人的威脅感，這是他完全預期到的，快速爬下竹梯，躺回軍布吊床上，他替自己悲哀。

「你身體不舒服嗎？」白絜見他抱著頭背朝外，蜷縮進牆角的床緣，擔心地詢問。

「你走，不要多管閒事！」他聽到她溫暖關懷的聲音，竟像害怕瘟疫般，抱著微微顫抖的身體，發射出惡毒的言語。

「我到底做錯什麼事了，値得你這麼惡劣地對待我，告訴我，這是不是一個大大的虛假？」她像點爆了一座火藥庫，虛弱地坐在另一邊床緣，背對著他的背，最後一句幾乎是哭著說。

「沒有，這就是全部的眞相，你做錯的事就是接近我且善待我。」他知道說出這樣是多麼可恥，他有什麼資格傷害別人，更何況是小心翼翼要用他的規則來善待他的人。他絕望地閉上眼睛。

要她接受完全不搭理他才算善待他，超出她對人的想像力，他體諒她也有一套待人「不得不如此」的規則，但她那裡了解得到對於她是自然的東西，對另一種人卻是致死物。

「我確實該承認錯誤，因爲你早已明明白白地拒絕過我對你的『侵犯』。似乎不再來找你是最簡單的，且是能使我們雙方都不再困擾的方法，但我心裡在告訴我，這樣是虛僞的。而我已經活在這種虛僞的社會、虛僞的家庭、虛僞的自己裡這麼久了。這個人包括我自己都要我用最簡單、最適合往前活的方式去對待一切，難道我看到的你不是比較眞實的一種人嗎？」她一口氣對著陌生的他說出這些緊壓在心底的話，直到說完她才眞的明白由他勾起的騷動情緒是什麼，兩個都吃了一驚。

「你錯了，我從台灣逃到這個可以徹底做局外人的社會，逃到這個可以徹底拒絕人的地方，才是最虛僞的，只是我很眞實地表現我的虛僞。」她突然感覺到一股平靜，他對她像是一個可以握手擁抱的同志，轉過頭看了他一眼。

「憤怒或者軟弱地拒絕一切，不管要摧毀過去全盤的生活，或喪失過去生命中維持平衡的信念，就是在忠於自己深處的感覺了，可是我從來無法對自己這麼誠實。我像住在一幅詩意的田園油畫裡，我固定在畫裡的某一點，向畫框內的風景環顧，總是洋溢著靜態的美感。但我不能跳出畫框，更不能向縮成一點的自己裡面看，放大後是空虛的生命中心。」她低著頭做著大膽的獨白，一邊流暢地湧出這些話，卻一邊感覺到亢奮的情緒在阻止她知道關於自己的秘密，顚顚簸簸說完。

他跳下吊床，扯掉短褲邊緣鬆解的線頭，不管突然打斷她的話，赤腳跳到隔壁的書房。他厭惡人類間的對話，尤其是彼此談論關於自己，當人們一臉莊嚴地彼此吐露內心秘密時，那種頭上戴著受難光圈的自憐模樣，總令他想大笑。當他一不小心被拖進那種對話一會兒後，他很快就會跳出來，像在遠處看著可憐的自己和別人。

「這個給你，你該回家了。」他從書房回來，拿給他一幀倉庫立在麥田裡的遠景照，自顧地躺在床上，閉上眼睛。他這突如其來的舉動，像在她裸露的心撒上燒燙的炭屑，她想眞該回學校了。

3

演講完，總指揮說：「台北的經濟成果我們沒享受到，今晚就免費睡在這條黃金街一晚，算是討回一些。現在請大家一起躺下來，共同締造這個歷史鏡頭。」

學生、牽著小孩的年輕夫婦、穿著候選人照衣服的助選隊、站在安全島上旁觀的路人、著山地服的原住民，彼此推擠，總指揮呼籲大家向外圍退。有些人顧處著指揮台附近的人沒地方躺，繼續後退，有些人不移動就地躺下，有些人不知如何是好，東張西望，空氣騷動且焦慮……你和學生們手挽著手，肩並著肩，大家在國際歌聲中，緩緩地一個個從帳篷裡走出來，挽著手去紀念碑的北側西側南側，大家靜坐在那裡，用平靜的目光，迎接劊子手的屠刀。

像有千軍萬馬從我身上踐踏過去，人們還在尋找適合他們躺下的位置，忍著點，這對我們來說不算什麼的，不是嗎？轉過身，跟我一起仰躺著，凝視藍天，想像我們正睡在泡沫雲裡。

那是個豔陽高照的日子，我記得很清楚。天空有一大塊紅雲，你摔了我的第一只相機，合照那次摔的是第二只相機。路邊一個著小碎花裙的少女被撞倒，摩托車逃走，她臉上淌出玫瑰紅的血，像數片花瓣拼貼溶疊的紋路。恐怖的玫瑰圖案，緊緊揪扯我的心，我不加思索就擎起相機，對準焦距。

你和幾個路人送少女上救護車後，你衝上來，把我的相機摔在地上，我見心愛的相機碎了，血液倒灌進腦，什麼話也說不出來。你還大罵：「你還有沒有人性？」我沒辦法用語言讓別人了解我，怒摑了你一巴掌。你撲上來抓住我的衣服胡亂踢打，我不要別人觸摸我的身體，「不要過來。」我邊喊邊用力扯開你。最後路人圍上來痛揍了我一頓，還是你把我搶救出來的。

「躺下、躺下。」總指揮帶領大家一起喊，一聲聲震動天地，迴響在耳邊。人們似乎被強而簡單的節奏緊箍住，情不自禁地一遍又一遍，吶喊……幾個有喇叭的篷子裡，放著〈龍的傳人〉歌曲，同學們和著歌聲唱，眼裡含著淚水。大家互相擁抱著，因爲每個人都知道，生命最後一刻到來了，爲這個民族犧牲的時候到了……

幾千人像推骨牌一般，迅速倒成一大片，寬闊街上的每一塊小角落都織上平躺的人。高樓埋伏的攝影機難抑興奮。「咔嚓、咔嚓」聲迭起，拍下這塊用人編織成的大波斯地毯，華麗且奢侈……

你拿起擴音器，和大家說了這樣一個古老的故事——有一群螞蟻，大概有十一億，有一天，山上起火了，這些螞蟻一定要到山下去才得救，這時幾個螞蟻就這一躺。這幾個螞蟻燒死，但有更多螞蟻活下來。

這些我都不要聽，你說這個故事時，學生、工人、市民們都淚流滿面，我把耳朵捂起來。我不要被群衆哭泣的場面打動，不要被群衆的情緒強姦我的情緒，我要拒絕成爲群衆的一分子，永遠獨立在人類命運之外。

白絮，我也不知道我是怎麼變成這樣的，我是個天眞墮落的人，我變得無法感動和產生自然的愛心，對人類的情感冷酷且麻木。我看見人們以豐富的方式，自由地展示他們身上的天眞，以美的行爲、笑容、面貌、言語傳達他們對人的愛，彷彿那是取之不盡用之不竭的，比起他們，我既貧乏且乾澀。

●

「這些王八羔子，把幾千個台北市民騙來，就是爲了利用我們躺在這裡，攤開身子，做人肉秀，供記者拍照啊？」一個中年人挺著啤酒肚躺著說。

「你應該感激他們才對，想想看你這輩子除了這次，還有什麼機會上報？」坐靠在安全島旁掮脊背的老人開口。

「算了吧，這樣拍下來，沒頭沒臉的，連屬於自己的小黑點都找不到，也算上報？」中年人摸摸啤酒肚。

「是你自願跑來加入群衆的，就該有自知之明，你在群衆裡只是個小黑點。」老人抓把鬍鬚，打了個哈欠。

有個人躺在我們這張報紙上，我只好把我的墨鏡摘下，放到一旁。我的一隻眼還可以從他的腋下看到，天空陰藍的雲急急奔走。身爲學生領袖的你，長期包裹在群衆裡，難道感受不到人心底的慌躁匯集起來，使你不安的壓迫感嗎？這點我特別敏銳，自從我們因打架認識以來，也許你隱約察覺到了，但你很難眞實地判斷我到底有多排斥和人們在一起。我儘量裝得能自然地活躍在廣場上，因我答應過要幫你拍照的。

我看到英雄紀念碑上在一片大紅旗幟的簇擁下，浮晃，飄飛起來了。不會有人懂我這種感覺的，和人們在一起我要花大量的精力，消化他們丟到我心裡的垃圾，無論我怎麼閃躲，他們總要過來碰碰我，弄髒我，我好……

你聞，那股薰鼻的汗臭味，和那裡傳來特異的腥騷味，就是來自人們的。我想起有一次你在我拍照時用手掌擦我額上的汗，那觸感似乎還在摩擦我的額，眞是你嗎？

4

白絜在大學裡所住的宿舍，八個人擠在一間陰暗潮溼的寢室，四張木頭雙層床，常常在爬木梯子時突然鑽出一隻什麼蟲來，引得整個寢室尖叫。門口放著一隻鐵櫃，八個人的衣物統統塞擠在四個抽屜裡，常發生穿錯內衣褲而爭吵的事情。每個人有一張長約一公尺但寬只夠放一本書的桌子，所以床上地下都堆滿了臉盆、瓶罐和書籍，走路必須跨越著走，睡覺時也得側著身子。寢室裡只有天花板一盞大燈，每個人讀書都得貼著眼睛瞧，一到晚上十點唯一的燈也要熄了。

寢室裡住的八個人都是文學院的研究生，剛住進來那一學期，校園內非常動盪不安，常出現地下學生組織的突擊行動，抗議黨中央、揭露校內黑暗面、煽動同學反叛的海報、不定點演講如野火般蔓延。李鵬被人代會任命爲總理後，校方展開鐵腕要全力撲殺這些零星的地下組織，因而揪出不少素來在學生間廣爲流傳的激進分子。

之後，關於這批祕密學生駐紮進宿舍，成爲監控學校思想公安的堅強堡壘，耳語不斷，人人都不太願意和寢室裡的人多打交道，寧可用拉遠心理距離的方式，彌補空間距離上的過度暴露。

白絮睡在靠窗邊的上鋪，常和隔壁床上鋪的尙潔隔著一塊床板抵頭而睡。白絮在中文研究所裡念的主題是中國的近代文學，而尙潔在哲研所裡研究的是西洋的近代美學，兩個人從彼此的書堆裡發現一些相同的成長痕跡和重疊的興趣範疇，常常在熄燈後一起躺在床上，輕聲地討論最近所讀的書和跟著指導教授所做的研究。但彼此很有默契，從不談到自己和有關其他人的事。

一天夜裡，白絮在昏沉中聽到尙潔的啜泣聲，還聽得到她用牙齒咬著棉被的摩擦。白絮躡手躡腳墊著棉被爬起來，順手取下披在欄杆上的毛巾，跪在床板旁伸手過去輕擦尙潔臉龐的淚。

尙潔微微吃驚，很快地用雙手緊緊握住白絮的手，平靜下來，因哭泣身體微微顫抖，白絮觸到棉被一片溼涼。眼前一片漆黑，鼻裡不時吸進晾曬在室裡溼衣服的肥皀味，還間以滴答聲，尙潔一字一字低沉地說：「陪我說說好嗎？」

兩人獨自先後來到廁所裡，尙潔一間間檢查確定沒人後才開口：

「你有愛人了嗎？」

「大學以前有個青梅竹馬的愛人，在家鄉共同生活了幾年，原來以爲我會嫁給他，沒想到他突然不告而別，一夜之間我發現自己竟然連他在想什麼都不知道，再也不敢承認他是我的愛人。」

「那麼，我想你懂得和愛人分離的痛苦。」

「很久以前的事囉！那是必須遺忘的記憶特區，早已隱入記憶的無感地帶了，你正爲這個受苦嗎？」

「唉，選擇哲學系眞是我的不幸，你沒聽過哲學系是地下學生組織的大本營嗎？」

白絜機警地伸出食指觸在唇上，示意尙潔停止，跑到廁所外張望一下，才又說：「可以繼續說了」。

「大三時我和系上的研究生高鴻相戀，每次他牽著我的手散步，在校園裡他像個孩子一樣陪我談音樂、美術和文學的各種掌故，但一走出校園後，他會變得嚴肅起來，滔滔不絕地爲我講述國共黨爭以來的歷史，和分析那時少爲人知的時事背景。他的一些想法衝擊著我多年來所受的教育，我掙扎在思想背叛的誘惑裡，爲了平息心裡的不安，經常在他提到與政治社會相關的話題時，我死命壓制不許他講，不惜引發衝突。

「大四下學期，一個晴朗的下午，他的一個學弟來通知我，他正被改造，罪名是：『聚集激進學生，鼓吹民主，陰謀破壞社會主義』。

「那天傍晚，他學弟扶著身體虛軟的我站在行政大樓外等，校警陪他走出來，擦身而過時，他臉色蒼白地對我說：『對不起，做這種事從來沒告訴過你。但你知道的，我愛的是藝術，政治是書讀多了之後逃避不了的良心。忘了我吧。這一去不知道什麼時候才能再回來。』

「一下之間我傻了眼，不知道該做什麼，只是像個白癡一樣跟在載走他的車後面，癡癡顛顛地走了幾百公尺，腦筋一片空白只抓住一個意念：『要再跟他說些什麼』。走啊走，走到一片焚燒過的草叢，終於暈跪在地上，那一剎那我才知道要告訴他的是：『我都懂了』。」

尚潔說完，靠在廁所的木板門上，靜靜淌著淚，也不去擦拭。月光從氣窗照進來，柔和地流瀉在她臉上，她眼瞳裡有滌淨後純眞的喜悅。白絮沉浸在她所營造出晶瑩沉靜的感覺裡，不願出聲破壞。

「自從他走後，我就加入他所帶領的那群學生，我立誓要開始了解他，跟著他們活動也已經有一年多了。更不幸的是，昨晚又有另一個念哲學的學長對我說：『讓我們相愛吧，把擋在我們心中一年多的影子抹去，這一年多來因爲他的存在，我們都克制得太苦了，我相信他會高興看到我替他來照顧你。』白絮，你知道我爲什麼躲在棉被裡哭嗎？因爲他就是高鴻一手帶大的學弟，是他把我帶進那群學生的，他也有一顆和高鴻一樣逃避不了的良心，我害怕啊！」

白絮見她用兩條胳臂抱住身體，心底也彷彿感受到她的冰涼，脫下身上的罩衫爲她披上，用拇指和食指從她眼眶邊輕捻淚漬。廁所對面整排洗澡間，一間間半開半掩的木板門，死寂中還咿咿呀呀地小幅顫動，門內水泥地上積著一塊塊汙濁水窪，隔間的短牆上有幾個紅色的掌印，被刷洗得滲出紅黑線條，兩個人目光同時移到這上面，又不約而同地縮回。

「你是尙潔常提那個中研所的室友?」陸沐蹲在地上不經心地丟一顆骰子。

「她跟你們提過我?」白絮有點吃驚和不安。

「是的，我們聚在一起時常會相互留意周遭有反省潛力的人，透過這種一個帶一個的方式增加我們的成員，也進行安全的篩選。」陸沐向後瞟了下眼睛，壓低聲音。

白絮環顧了下這個小公園，幾對情侶散坐在枝葉茂密的大樹底下，小孩繞著出口的欄杆相互追逐。一眼就可以望盡公園內的全貌，周日的午後，熱風息息，冷清地掃動地上沉澱的枯葉沙泥。她站立著看眼前蹲在地上圍成一圈的五六個大學生，他們在中間放一個碗公、兩副牌，吆喝著輪流擲骰子。她從他們眉色間顯示出誇張的輕鬆，感覺到凝在空氣裡的緊張。

「哦?你們討論的結果，我安全嗎?」她朝出口的方向尋找尙潔的蹤影，尙潔把她獨自丟在這裡和陸沐交談，使她彷彿被拋棄在異族中，被打量，也打量他們。

「也許不到完全信任的地步，但再如何危險的環境仍然要允許某些程度人與人間互信的可能吧？」陸沐笑著說，白絮接收到他笑裡的善意，心中的陌生感融化了一部分。

「你對我們這個聚會了解多少？」陸沐對面一個理平頭的男學生抬起臉，眼裡閃著幾絲傲慢地質問。

「尚潔只跟我說要帶我來參加一個政治性的聚會，我不知道你們實際的活動內容是什麼，但我了解你們正是校方在搜查的地下組織。」白絮心急地表白自己的立場。

「陸沐，看，你們總幹這種好事，又多了一個參觀動物園的觀光客，你還不警惕高鴻是怎麼被抓走的！」平頭的人用力抓了抓他前面整排直豎的髮根，他的頭髮像一片向後傾斜的山坡。「顧森，你從台灣來這裡念書也有好幾年了，難道不明瞭在這種校園生態底下，任何思想的反動，不冒險是不可能進行的。」陸沐心平氣和地辯解。

「你這個猴崽子，最後一輪竟擲得出這種點數……哈哈哈，吃鱉了吧……好風水總得輪輪別家吧？」其他人紛亂地鼓譟起來，將剛才兩人的對話淹沒。

「我可以問一個很根本的問題嗎?爲什麼要進行這場冒險?」白絮找了張靠近陸沐的矮石凳坐下，試著提出她對這群人最大的疑惑。

「從一個人問的問題可以知道他腦裡政治意識開發的層級，你屬於『未開發級』，相對於『未開發級』，這個問題的答案是——所有的反抗起因於不滿。」叫做顧森的用手在地上抹了抹，隨即兩掌相搓揉，乾脆坐在地上，斜睨著白絮。

「也許可以有千百條理由吧?但每個人有每個人在現實政治意識上的覺醒點。從小我的家庭就被貼上『極右』的標籤，任何政治方向的風吹草動都會波及我們，在這種測風儀式的背景裡把我關於政治的敏銳度磨尖了。在我的自我定義裡，活在這樣一個社會裡，如果有什麼根深柢固的痛苦值得去對抗，那就是可惡的政治。」

身材稍矮、清瘦，穿著白色襯衫，剪著兩側齊耳髮式，給人溫和、耐心印象的陸沐，激動起來帶一抹冷酷。

白絮對於他們倆的態度並不覺有什麼可以贊成或反對的，她知道現實裡有許多明顯令人不滿的現象，但每當她想起這一部分非在她個人事務範圍的時候，她就不自覺地跳過去不再深究。因爲她不知道自己有多大不滿的權利，還有她無力判斷不滿的正當性。在自己和社會這環的關係上，像圍著一環大斷崖，白茫茫的霧瀰漫在上空，她從來沒想跨過去擴張領土，由於太習慣凡事被社會決定的命運，這人生比的是忍耐和適應的能力，她這麼告訴自己千百次。

「來了，來了，黃教授來了！」尙潔的聲音從遠處爆開，緊跟著一個略矮胖的中年男子，穿著鵝黃棉質的休閒衣、藏青色熨得平整的西裝褲，眼睛明亮有神，踏著沈穩的步子朝我們這個角落走來。尙潔手拉著一個高挺的男生，她一邊嘴裡興奮地跟他說著什麼話，一邊拖拉著他跑在中年男子背後。

「大家這一個禮拜過得都還好吧？有沒有被學校找去坐『電椅』啊？哦，我們今天又有新成員嘅！」中年男子微笑著把他手上包著書的紙袋子墊在地上坐下來。

「來，白絮，我幫你介紹一下，這是藝術學院的黃其偉教授，教中國美術史，但其實他啊，無所不通。教授，這是我念中研所的室友，其他人你都認識了吧？對了，他就是潘俊！」尙潔靦腆地推了推潘俊，他則像個木頭人一樣站著不動。

「從八六年的天安門學運以來，這幾年由於趙紫陽的經濟改革的失敗，引起通貨膨脹、物價上漲，保守勢力再度抬頭，黨機器對意識形態的控制愈加嚴密，最近教授開會時，上面一再地斥責我們沒維護好學生意識的純正和政治的同質性。」黃教授攤著手、聳聳肩無奈地說。

「又來這一套，中國人的政府總是把學生的自由思考當成洪水猛獸！」顧森憤憤不平地說。

「這種低氣壓還要維持多久？難道八六年學運所播下的種子都被撲殺光了？」潘俊焦急地問。

「從我最近觀察到的現象，城市裡出現銀行擠兌、搶購蛋糖肉類、各種零星的罷工、群眾在演唱會、足球賽上的暴動，我想潛伏在人民底層的不滿正加速地在集結擴大，總會爆發的。」黃教授拂下了他額前的一撮髮，皺著眉望向遠處的藍天。

「那我們什麼時候要再開始活動起來？蟄伏很久了，只是私底下讀讀禁書，大家偷偷聚起來討論，批判現今的政治現象，難道我們就只是這樣下去嗎？」陸沐冷冷地丟進一個炸彈般的問題，大家臉上都變得嚴肅起來。

「唉，陸沐就是陸沐，你遲早會問我這個問題的！高鴻的事給我的打擊太大了。從我立定一生的職志要啓發中國孩子們的心智，也已經二十年了，我畢竟先是一個老師，然後才是一個改革的思想者。

「高鴻這個孩子認眞地跟著我念幾年書，又把我找來帶你們這群孩子。但他出事時，我甚至連最後一面都沒見到，一直到現在，我仍然不能原諒自己當初沒有站出來替他辯解。連續三個月，我不能睜開眼睛注視早晨從窗口灑進來的陽光，我原來的信仰『教育下一代來救中國』被打碎，我一再地問自己：『這個中國値得我救嗎？』

「她像個瘋女人一樣把整批走上廣場，熱愛她的年輕孩子關到牢裡，把像高鴻這樣關心她的孩子，無聲無息地吞沒了。相較於其他國家的同年齡孩子，已經背著背包踏遍半個地球了。我爲我的中國孩子們悲傷，我自問我還要再當幫兇，把孩子們送進瘋女人的監牢嗎？」

黃教授眼眶中浸著淚，仍然溫厚地笑著，兩隻手用力交握，像在問他心裡的自己。掃視了下全場，臉突然皺成一副痛苦的表情，歎了一聲長氣。沉默，所有人都被他的話噎住，低頭陷入彷彿一觸即發的悲傷裡。尚潔在他提到高鴻時早已撬開她情緒的水匣，趴在潘俊的肩上泣不成聲。

「老師，我想我能體諒你的心情，我認爲你的『幫兇情結』是需要批判的，難道鼓勵學生忍受不合理的現狀，苟安於一個不誠實的生命裡，就不叫幫兇嗎？」陸沐首先用冷靜的語調打破沉默。

「是的，老師還記得你常掛在嘴邊那句蘇格拉底的話嗎——『沒有經過反省的生命不值得活』，我相信如果我們之中有人要把他思想上的反省用行動表達出來，也是基於這樣的生命比較值得活。但若要因此而遭遇什麼悲劇，也是我們得自己去承擔責任的。」潘俊站在老樹的旁邊，像個驕傲的貴族。

「我雖然剛加入你們不久，沒有一起經歷過高鴻事件，但我得提醒你們不要落入溫情主義的陷阱裡，改革的目標需要長期投入政治鬥爭中，情緒性的牽涉愈少，才能把目標向前推進。」顧森露出一口白牙，用球鞋底在地上摩出沙沙的聲音。

白絮夾在他們之間，完全不知道該說什麼、該做什麼表情，她被他們迭宕的情緒簇擁、推擠，自己卻像隻洩了氣的皮球。

5

全體躺在台北的黃金街道，締造完歷史的鏡頭後，麥克風傳來進入睡眠時間，要留下來的準備就寢用具，要回家的人請迅速離開。輕音樂悠揚地響起，人們由微醺狀態中醒來，意猶未盡，踩著身體和身體間的路面空隙，退到兩旁商店街騎樓下。

緊閉的商店門前替代的是各種小攤，賣熱食、飲料、玩具、汽球、衣服、小飾物，民生所須應有盡有。從剛才嚴肅的控訴、主張、聲明裡解放後，蜂擁在攤販前的人們，空空盪盪地檢閱過這一長列流水席，隨便地塡補一下他們虛乏的欲望。

帳篷旗幟歪倒成一片，滿地垃圾幾乎要淹覆整個人民廣場，到處是哀淒殘涼的景象，最初開始絕食的學生已堅持絕水五十九個小時，絕食一百二十八小時。極少喧嘩，反而靜極了。幾千名學生不支暈倒，痙攣、抽搐、呼吸急促，情況好的人默默地呑嚥著口水、忍受胃部的輾咬、輕輕地呻吟，在地上蜷縮成一團，任帳篷倒垮在身上，垃圾紛亂地吹打。

醫生們含著淚，迅速穿梭在遍地哀鴻裡，進行急救，一個護士忍不住放聲哭號，大喊：「你們爲什麼這麼傻」，風抖抖索索吹來幾片枯黃的樹葉，輕顫著飄落。

那次，我趕到醫院看你，已經是你第三次暈倒被送進去了，我好怕，怕自己再也看不到你，無法再像前兩次，堅強地攔阻自己去看你。你穿著白色的病服，從床上翻過身，非常吃力才對我擠出個笑容，虛弱地說：「肉體很痛苦，心靈很快樂。」還用手指比了個勝利的V型。那一剎那，我的心轟然崩潰，「我恨，恨你的學生運動和政治理想。」衝口說完，狂亂地跑出醫院，陽光灌進雙目。

回到廣場上學生領袖休息的帳篷，幾十個人輪流被送往醫院打點滴，情況最嚴重的就是你了。由於你是女孩子體力原本較差，加上你一邊絕食，一邊卻如狼似虎地奔走出席各項與官方的協商、聯絡其他階層人士支持，及透支你的精力鼓舞廣場上的同學，硬把自己榨乾。

戴著黑框眼鏡的陸沐，弓著身坐在一角默默抽菸，潘俊這個帥挺的高個兒也倒下去了，順勢把頭靠在陸沐的背上。

「白絮……，她還好嗎？」陸沐抬頭看了我一眼，又心虛地把眼光掠開。

「她死了不剛好稱你的心，你又少掉個對手和你爭辯學運方向？」

「虛風，我們和白絮都是共患難的好同志啊！」潘俊勉強撐開眼皮，在喉間低聲嘶啞著。

「好同志？她三次送進醫院，你們誰管過她的死活？看她倒下去就把她當成報廢的輪胎，從你們偉大的運動視界裡註銷。等她再從鬼門關跳上舞台，你們又開始編派她演吃力的角色。」

「搞革命，我們每個人都準備好要置身家性命於度外的，所以造成了你所認識的殘忍。」陸沐疲倦地閉上眼，煙從兩管鼻孔沁出，這是我第一次看到他所負載的精神負荷把他的負載空間塡得只剩煙隙。

「那爲什麼你們不好好使用她，要叫她報廢得這麼快？陸沐，當初她是被你影響才捲進來，你自己從頭到尾都有計畫地在保養自己的身體精神，到現在還沒倒下去過，但你是如何設計她的？」

「我們每個人都是自願的……，況且，陸同志是幕後總策畫……」潘俊伸出手扯了下我的手臂，歪倒在一邊的草席上，護士馬上趕過來。

煙燻得我好嗆鼻，你聞到了嗎？這裡的台北街頭小販正趁著人潮排湧開的時機起火燻烤。陸沐要是也在就好了，可以讓他聞一聞這種完全沒有負載的煙味。小販使用一些印著我們照片的報紙包烤番薯、烤玉米等，握在人們手上，被捏得淚縮在一起。

即使支離破碎，你還是覺得「肉體很痛苦，心靈很快樂」嗎？莫非那三次你被送進醫院，一個人孤伶伶躺在病牀上，沒有任何親人和同伴去看你，你就是靠著反覆在心裡告訴自己這樣的話，和滿地痛苦呻吟的病人一起熬過的……。

護士哭嚎的眼淚還沒凝乾，廣場上扎進同學們血管裡的點滴針筒，點滴順著透明的塑膠管驟然齊下。一個接一個的同學倒了，醫生不夠、護士不夠、連擔架也不夠了，你還夠用嗎？告訴我，你們究竟要持續到什麼時候？

6

吃過晚飯，宿舍後的松樹林傳來各種動物的鳴叫聲，像交響樂的管弦部，廣播器裡鳴雷般傳來「二〇八室白絮外找，請到傳達室」。白絮以爲又是潘俊來找她幫忙向尙潔求求情，或是陸沐來找她爲大字報美工，跟著他一起熬夜用那台手搖油印機印傳單。

她睡眼惺忪穿過搖曳的柳樹群，隔著十公尺看到一個青年，披著一溜長髮，斜過右額挪在右肩頭，側肩背著一個紅色補丁的登山背包、還披掛一架相機。白絮心裡陡然一震，「那不是虛風嗎？」她有點恍惚走過去。虛風唇上如雜草般的鬍髭、腮邊和頸側幾絲被什麼篩過的血絲，還有他額上露出疲態的皺紋，都慢慢像進入特寫鏡頭般。白絮感歎起時間眞是個不堪回首的東西。

「你父親前天被雜誌社撤職了，我逃到北平來，他託我順便來告訴你。」虛風嚴峻一如雕像。

「怎麼會發生這種事?」白絮的理性快要如一捆被拆散的稻草。

「上一期的雜誌他幫我登了一組攝影專題,是我長久下來斷續拍的一些貧瘦殘病的鄉村小孩。沒想到他馬上被扣上『暴露社會主義黑暗面』的大帽子。」他拉著白絮到旁邊的紀念墓園裡,坐在湖邊冷笑述說,像在說一件好笑的笑話,令白絮覺得陰森。

「我父親現在的處境呢?我要回去看他……」她慌亂。

「他要我轉告你裝作沒這件事,趕回去會受牽累,他要你安心讀書,只是短期內要自己籌些零用錢。臨走前,他拍著我的肩膀說:『沒什麼的,只是要被批而已,不會再有經不起的風浪了。』」

他拿掉墨鏡,朝湖裡吐了一口痰。白絮腦裡竄上跟她一樣慌亂的影像——圍著蜷縮在地上的父親,人群齜牙裂嘴,回過臉來朝她們母女丟石頭咒罵。母親抱著她奔跑,哭著胡亂擦她的眼淚,說:「不哭,他們只是在玩一個好玩的遊戲。」父親跨坐在一條板凳上,攬著她倒在他雙腿上的身體,沙啞而輕柔地說:「小女孩,不要悲傷,你母親並沒被奪走,她只是比我們早跑完這個迷宮,提前去休息了。」……

湖水澄明到看得清底部的連綿爛泥，旁邊的嫩草地抹溼了手掌，月亮慘白地在湖中，一波波水紋輾過。白絮捂著嘴、咬著自己的指頭發出強抑的「唔——唔」聲，像從胸腔底自動嗚出的嗚咽。

虛風把她的手臂扯開，塞進自己的手掌到她嘴裡，惡狠地說：「哭吧，把滿坑滿谷的眼淚都哭出來，也用力咬，把力氣發洩掉！」他伸出右手臂猛猛夾抱住白絮發冷顫抖的身體，不敢去想白先生往後的下場，盯住湖面閃銀光的地方，眼眶如炭燒。

那晚之後，白絮接連幾天沒回到學校，她央求虛風讓她跟著流浪幾天。他們離開北平市到郊區，不斷地用兩條腿走，偶爾有運牧草、作物的牛車經過，順道載他們一程。沿途他們什麼話也沒說，天一亮虛風就去張羅一天的食物，或用他身上的一些小東西換些硬饅頭等乾糧。或花一個早上還是下午幫農家打雜工，換幾頓糧食。其他時候他尋覓攝影的材料，白絮則像具會走路的屍體，沒有知覺地晃走著，枯坐在一角發呆……

「你臉上的傷痕怎麼來的？」白絮熟悉的聲音，像一口深井底浮升上來，虛風坐在海濱一處觀海的山崖，突然被驚醒。

「你父親撤職的消息傳開後，幾個爲他叫屈、還有看不順眼我的職員給打的。」他順手拔了幾根雜草，往下面白沫噴湧的海岬丟。

「倉庫不能再回去了不是嗎？」

「嗯，可憐那些貓狗們又沒有家了！」

「後悔嗎？」

「後悔什麼？」

「後悔從台灣來這裡，後悔發現關於這個社會不可理喻的脾氣。」

「不是後不後悔的問題，這就像每個家庭都會在陰暗處設幾個捕鼠器一樣，只是設的數目不同罷了。要懂得走路太莽撞就會被夾得皮破血流，這是不管有沒有被夾到之前都該有心理準備的。」

「你沒被夾到過，怎麼會有這樣的心理準備？」

視線盡頭，白霧蒼茫，海面上高速蒸發凝結的雨露，罩成一張遠近模糊的密網，海延伸到曝光的天際，他感覺到衣領、袖口都滲進發顫的寒氣，像把他身上的衣服都解開咬遍如鱗的細洞。

「我是一隻幸運的老鼠，右腳在台灣的中國人社會踩進一隻捕鼠器，腳緊緊黏住拔不出來，只好連著它一起跳著到另一個中國人社會，結果左腳又踩進另一隻捕鼠器了！

「不知道從什麼時候起我就不太搭理人、討厭跟人說話，而我也是自然地沒什麼需要說話的對象，除了外婆。

「她養我整整二十年，我和她住在大宅院的後院，每天放學我要穿過長長陰暗的甬道。甬道牆上長著一年年長厚、轉成黏黑色的綠苔，愈到後面愈透不進一隙陽光。我穿過甬道幾千次，卻彷彿一生也穿不過去。

「據說我母親被關在台北的瘋人院裡，我父親則在我剛出生時就死了。我也不會特別想追問母親關在那裡，父親是怎麼死的，他們就像兩個抽象的代名詞，別人兩個都分到，我兩個都沒分到，就是這樣。老師、同學、舅舅、舅舅的小孩都罵我脾氣古怪，我就剃光頭、掀桌子，仍然不說話。

「考上大學，是我成爲『幸運老鼠』的轉捩點。七十多歲的外婆趕夜工爲我織了件毛背心，在她棕色的檀木床上，她佝僂著在一堆雜物間露出頭上的髮髻，『這是我最後能爲你做的了，以後都要靠自己。』甬道盡頭如豆的燈，殘弱，熄滅。

「在宿舍裡，一個搞政治的活躍分子常來接觸我，他說他看準那層樓只有我不是俗物，其實看準的是我會攝影、美編、常在刊物上胡謅些文字等這身把式，是搞宣傳的好材料。那個活躍分子姓顧，他帶我去見一個搞反對運動的先生，他跟我們講述台灣被掩蓋住的反對運動史，我父親的名字竟赫然出現在他的嘴裡，我當場失聲吼叫，衝出那間揭露我醜陋歷史的地下室。

「我父親並沒死，他在一次『清潔』運動中，連著他偷偷發行的地下刊物一起被關進外島，永遠被他的文字塞住嘴巴了。那位先生是我父親大學時代的同學，也是畢業後的戰友，他帶我去看我母親。

「那是一家專門收容長期精神病患的病院，走進去就聞到醫院特有的嗆鼻藥水味，混合著一股不知是那裡傳來人身上的臭味，瀰漫在空氣中。坐在等候的長廊，看著院內的病患到處走動，各種奇怪的臉形和表情快速閃進我的視界，像極高的音符一個個敲打著我的腦袋。我努力地要聯想外面人的表情和世界是怎樣，卻一點都想不起來。

「陽光被層層的鐵絲和鋁板隔住，除了窗邊微稀的暗影外，其他空間都籠罩在均勻的陰暗中。從露出三分之一可向外探望的窗口望出，院前的花園裡簇擁著一大片藍的白的小花蕊。她從長長的長廊一端走過來，後面還跟著一群病友，我突然覺得她像個長年住在古堡裡的老公主。

「她走過來在我們一公尺前站定，她的病友們則擠在五公尺外的轉角處，她不時回過頭去看他們。我記得很清楚，在窗邊微弱的光線下，她穿著同布料的衣褲，橘底白碎花布，頭髮梳到後面綁起來，一絲不亂，幾根銀髮特別顯眼，表情僵滯，目光游移飄閃，我不知道她是不是在害怕我們。

「陪我去的張叔叔把我稍微推向前，告訴她：『素蘭，他是你兒子啊，他已經二十歲了。』她聽了彷彿被搖醒，在短暫之間露出一種悲傷的感情，抓起我的手，點著頭念著：『我的兒子啊？』像在表示她理解了『兒子』的意思。定住眼看了我幾秒後，突然放下我的手，又恢復僵滯的表情，決然地轉過身去，走向長廊的深黑處，那裡有她熟悉的夥伴在等她，邊走邊伸出左手掌遮在額上擋光。

「之後，我決定不再去看她，她已經明白地告訴我她選擇了那個世界，選擇了和我父親一樣的生存：『與社會隔絕』，只差一個是被社會拒絕，一個是拒絕了社會。我告訴自己，這只是一件事實：『她，已經完全在另外一個世界裡了』，只是不同於我，沒什麼不好，但沒辦法，就像個窩囊廢一樣難過喲。

「但卻從此，我再也不能像以前一樣乾乾淨淨地拒絕掉一切，悲傷在我心底鑿了條小河，我父親母親的歷史和我生了關聯，一併住進我的生命裡，我知道趕不出去了。

「連帶地，我和政治也起了親密的關係，我打開門讓所有與我父母相關的資料都闖進。知道了一點有關我父親的想法後，我被捲進一股想要知道更多關於政治眞相的力量裡，當我以自己的方式確定他是無辜時，有一種聲音暗示我得爲他做點什麼，鬼魅般糾纏著我——我想不能繼續保持對於政治遊戲的無知，是我的不幸，但雷既然已經劈到我身上了，逃得更遠，或放手一搏之外，別無它法。

「接連著大學的幾年裡，我強迫自己改造個性成一個政治運動家的樣子。私底下勤讀政治思想的書籍、關心社會政治事務、訓練自己的表達能力、培養影響別人的動能性，也成爲姓顧的最佳拍檔。我們把一群不同年級的學生聚集起來，發行地下刊物抗議學校的言論不自由、要求軍人勢力退出校園、鼓吹學術脫離政治託管、大學的獨立自主性等，與校方展開或明或暗的攻防戰。

「大四那年，我被退學了。姓顧的以向教官檢舉我做爲交換條件，贏得那年學生代表會會長的選舉，他尷尬地笑著說：『兄弟，沒辦法，爲了掌握推動理想更大的權力，暫時的妥協是必要的權宜策略，犧牲你囉！不過我會補償你的。』那群我努力保護的學弟妹們，憤怒地衝進我的寢室咒罵：『全被你們利用了，竟然反而當上黨的學生會長，你們這對狼狽爲奸的人！』甩門而去，他們不知道我被退學了，我像個啞巴。

「沒有眞理。

「也沒有可以辨淸眞理的眞理。

「無關乎政治，或超乎政治之上，是人性的問題。

「政治原本是極簡單的，加入人性後，成為複雜得恐怖的叢林，我不再知道自己對不對，因爲我也在叢林裡。發自天眞第一次想去實踐對世界的期望，單純的信念發出後竟扭曲成醜陋的面目回來，連我父親的無辜也繁衍成複雜的無底洞。唯有逃開人性，遠遠地。」

海風展開如鴻鵠之翼，捲起成頃銀浪，在堅傲的岩岸上碎裂成纍纍浪花，呼呼吼響吞掉兩個人的沉默。

7

忠孝東路上頂好地段上，蝸牛族的指揮車上傳來震耳的麥克風聲，間雜線路受干擾的觸電般雜音：「各位蝸牛們，演講結束後，接著進入睡眠時間，正式展開無殼蝸牛露宿街頭的抗議活動，沒有寢具的請到前面來購買，大馬路上是睡眠區，請儘量減少走動。」

四個從新竹趕上來參加抗議的大學生，選擇坐在沒有行道樹的中央黃線上，戴眼鏡的男生從登山背袋裡取出一副牌，和一張沾滿油汙的報紙，攤開報紙發了四堆牌在上面。

我偷瞄到這四個大學生的牌新簇簇的，不像你和陸沐他們常玩的那副已稀爛，近一個月你們進進出出廣場，那副牌也跟著輾轉在多少學生的手裡被捏拿過，牌身都軟了，且牌的四角也都翻成好幾層。這四個台灣的大學生興趣高昂地在玩牌，彼此消遣打鬧，你們四個玩牌的情景卻像一部電影的名字《寂靜的秋決》。

帳篷的柱腳歪斜得厲害，柱腳旁架著一只黑底的鍋子，連鍋蓋都沒有。微弱的炭火在底下燒，一大鍋水裡浮著細碎的蛋花和幾根青菜，這些簡單的食物補給還是昨天一個乾瘦的市民騎著腳踏車送來的。你拿著煽火的紙扇子掩住口鼻，煮著那一丁點東西給指揮部裡沒有絕食的幾個人吃，他們有的負責運輸或維持交通。

陸沐、潘俊，還有顧森，他們都在，都坐在帳篷口的麻繩下面。自從他們成立了天安門廣場總指揮部後，不斷傳來戒嚴軍節節逼近的消息，以及軍民對峙種種繪聲繪影的描述，指揮部每個人的臉一天天鐵青下來。陸沐在叫你，叫你坐下來四個人湊齊打幾局橋牌，他說大家的腦筋需要從現實裡抽空一下，否則他怕有人會先崩潰掉。

顧森穿著他那件用白漆寫著「fuck」的黑色背心，一張張牌慢慢地發，像一曲浪漫抒情歌的節奏。潘俊坐在背脊直挺挺，望著牌發呆，陸沐倚在篷柱上望著天空吹口哨，你則尷尬地怎麼擺你的腿都不對勁，沒有人說話。

唉，這一幕也常會竄上我的腦袋，那麼鮮明的意象——你們四個圍成一個圈坐在一起，似乎連死都可以死在一起。有種無形的東西把你們的命運緊箍在一起，那麼絕然的情緒衝破你們彼此間如棘藜般的歧異，在那一瞬間你們靜默中的感通所達的力量，令我如此害怕。

我是完全和你不相干，在你們相互默契的眼神裡不存在，甚至是在我所處的廣場上十萬同樣的膚色、臉孔人之外的一架攝影機，一隻眼睛，一股無形無影的意識流罷了。

四個大學生的牌局招引來幾個到處遊走的長髮年輕人圍觀，他們笑著指十公尺外的大樹，說有一家人竟然乾脆在大樹下搭起帳篷，非常新穎的小型帳篷，橘色塑膠皮、橢圓型的小門，掀開門裡面躺著一家三口。縱然有多少人探進門裡看，在門外品頭論足，他們仍然安然地履行睡眠的天職……

「人民軍隊愛人民」、「人民軍隊不打人民」，六部口和新華社門大批軍隊開進，一排排頭戴鋼盔、胸前貼著交叉雙排彈、手持亮刺刀槍桿的子弟兵，年輕得那麼整齊，他們的血可以讓北平市的街道都在紅色中流動起來。

他們從隊伍中衝出，朝著旁邊嚷吼的市民腹部一踹，輕蔑地說：「誰那麼愛你？」隊伍裡爆發出各種奇怪的笑聲，士兵們藉著誇張的笑聲彼此安慰。

宣傳車上的學生趕緊跳下來，扶倒在一旁呻吟的市民上車。「法西斯、喪心病狂。」兩旁的男女邊跑邊用石頭木棍磚塊等丟軍人，宣傳車上則傳來泣涕的女聲：「你們說你們不會打人民的，幾天前說，還記得嗎？」士兵們踩著一致的步伐，金屬摩擦的聲音鑽穿耳膜。

窸窣——窸窣，你還記得那種聲音吧？我們恐怕永遠都逃脫不了這聲音在靈魂裡低迴的噩夢。幾天之內，「國家」這個龐然的抽象物，竟然從北平城的四郊爬進一條條會發出「窸窣」聲的人獸。這人獸是活生生會走、會吃、會和我們搭肩握手拍照，會怪笑然後荷著槍彈踹打我們的，爬滿北京市的道路，壅塞整條北京城至臃腫流膿，然後還是我們花錢買給他們刺刀、槍彈、制服的某些被踢打市民的兄弟兒子，窸窣——窸窣，無臉人獸。

頂好附近廣播站傳來的輕音樂，愈來愈輕聲柔和，八月的夜空少了燥熱，秋分剛展開這一季的清涼。一個頭戴斗笠的中年婦人小心地踩著人體間的空地，向或坐或站清清的人兜售玉蘭花，你聞到了嗎？醒鼻的香味愈來愈近了。

我彷彿看到那天清晨，你第三度從醫院逃出來，維持秩序的守夜同學喘著氣跑進帳篷喊著：「白絮又回來報到了！」，當你蹣跚地走到我們面前，潘俊像個孩子般把一把白色花瓣灑在你頭上，你忍不住淌著淚抱住他，其他人都撲上去抱住你們，大家抱成一團又叫又跳。我沒有過去，看著地上雪白的不知名花瓣，我好想告訴你：我好虛弱。雪白花瓣飄啊飄，玉蘭香飄啊飄，你的髮……

月亮正好懸在廣播站對面的上空，肯德基炸雞店外有一小片三角公園，其中圍著幾棵大樹和石椅，樹椅間的平滑走道都躺著人，樹底下、石椅上也鋪滿人。不是背底下張著報紙仰天大睡，就是肚子上蓋著衣服、臉上抓張報紙遮著，輕易地睡了起來。

台北的他們睡得如此不同，他們是眞正地走上街頭睡覺的，他們不會看到一條條人獸爬到街上與他們同睡，他們不用在夢底計算著窸窣聲的腳步。他們可以裹在柔軟的碎花棉被裡入睡，正如我們曾安心地睡在廣場上一樣，只差我們竟睡比一夜還久，就永遠醒不過來了。

那幾個遊走的長髮年輕人趁著橘色帳篷裡那一家人熟睡，在帳篷門上貼著一張報紙，用黑筆調皮地寫著：「珍奇動物，歡迎入內參觀」。我的臉被黑筆畫到了，你的臉還好吧？我從這張報紙裡看著他們嬉笑離開的背影，不知道你是否和我想起相同難堪的情景……

我騎著腳踏車載你一起要送底片去沖洗，經過幾條重要的街都被軍隊封鎖，我們只好繞行過較小的道路，穿梭在垃圾、石堆、路障、遭解體的腳踏車、公車零件和白布屍體間。沿途的男女老少有亢奮手持械物聚集討論的、有哭喪如孤魂野鬼獨自行走的。遠處傳來淒涼的哀嚎聲，我們騎進長安大街，正好目睹一輛坦克輾過幾個年輕人的身體，向前輾過一個後，向後退，改變方向再追輾過另一個。

原來他們想靠近坦克用木棍塞進輪子裡，木棍黏在他們碎裂的手骨上，染上一條紅龍，再也不能從血肉中辨出臉，只有黑油油的一頭髮均勻地披散成扇形，像仔細梳開的少女假髮，在陽光下發亮，但據說是男子。

「要不是你再三遊說，我是絕不會來參加群衆運動的。」四個大學生中戴眼鏡的男生邊嚼口香糖，邊對著留鬍渣的男生這麼說。

「你總是這麼怕事，怕學校記過、怕爸媽知道、怕女朋友嘮叨、怕影響功課、怕運動裡發生衝突，乖寶寶到那一天你才會長大？」留鬍渣的撇了撇嘴角，把手上的牌丟在地上。

「對嘛，你還抱怨什麼，前幾次民進黨發動的更激烈抗議活動，還不敢帶你來參加咧，那才夠爽！這次叫做什麼『蝸牛行動』？簡直就像蝸牛一樣溫吞，標榜理性、溫和，警察來就跑，這樣踢國民黨那隻大蝸牛，有屁用啊？」另一個穿無袖背心的男生也加入，把他的牌快速地洗一遍。

「但是，難道你們走在這群密密麻麻的人群裡，在標舉著反房地產壟斷、爲無住屋者申訴的大旗幟下踏過街道，爲一個不知値得不値得信任的組織所號召，然後解散回家，不覺得空洞嗎？」最後一個T恤背後印著ＸＸ大學的男生反駁地說。

「夾雜在這麼多沒頭沒臉的人裡，確實反而感受到『人多又有什麼用』的無力，想到明天睡完覺後所有人又與這個抗爭的話題不相干了，人愈多就愈寂寞。」留鬍渣的摸了下他的鬍渣。

「既來之則安之，有行動總比沒行動好，東懷疑西懷疑就什麼也別做好了。」無袖背心帶點不屑轉過頭去。

白天不知多少車輛經過，排出廢氣烟渣遺留在這條台北市的黃金街道。今晚我們要和這些學生一起躺在黑黝的黃金上，帶著我們微不足道的懷疑和記憶裡血肉模糊的群衆臉孔，享受台北這一夜優雅的清風和人們的微笑，但是白綮，這一切都太荒謬了！

8

白絮和盧風做完攝影旅行，回到北平市。由於旅途最後有一段穿越淺沼澤的路，盧風揹著白絮走過後，腿部被泥沼裡不知名的東西割破一條大裂縫，包紮後不能行動，白絮將他暫時安置在學校旁邊森林裡一間廢棄的矮屋，這裡早已成爲她和陸沐他們那夥人祕密集會的據點。

胡耀邦死了，陸沐緊急臨著半夜把大家找出來，聚在小屋裡，認爲是發動學運的大好機會。他雙目炯炯，露出堅定的自信，彷彿事情的一切發展都在他的預料中，而他也即將掌握局勢的變化，他鼓勵大家自由表達看法。

顧森一進屋子瞧見盧風後就顯得很不自在，但他仍然興奮地說，總算可以狠狠地興風作浪一番，用力砍政府幾刀，然後跳上政治舞台，他等得快不耐煩了，孬種的儘管躲在宿舍裡蓋棉被好了。潘俊也贊成陸沐的看法，大言行動可以完成知識分子的典範，如果要當一個承繼五四精神的合格知識分子，勢必不能再只是悶在書堆裡空想，要站起來成爲行動的巨人。

尙潔握著白架的手，面露憂慮，一句話也不說。白架聆聽大家說完後，用低沉的語調說，她很慶幸這一段日子以來認識大家，讓她點點滴滴受到啓發，她決定與大家共進退，陸沐伸出手握住白架，眼裡傳達無言的歡迎。

虛風躺在角落的草鋪，冷冷聽著他們集會的進行結束。

「你知道顧森就是我所說在台灣向教官檢舉我的人嗎？」

「知道他也是從台灣來的，說是什麼混不下去了，沒想到他就是……」

「沒想到你會跟這樣一群人在一起，爲什麼要把自己丟進這個缸裡？」

「旅行那幾天，我把從前一些不敢多想的事情翻出來想，我在這世界上活了二十五個年頭，我從來不敢肯定什麼，也從來沒對什麼起過眞的熱情。受了這個社會十幾年教育，無非是在灌輸我，要對社會主義、無產階級專政、共產黨領導和馬列毛思想充滿信心和忠誠，我知道這些都是空話。一方面在別人面前假裝相信，一方面努力把自己和自己以外的世界、社會努力要告訴我的事畫開，沒有否定也沒有懷疑。

「這樣的態度使我只能抓住屬於我的幾件擁有物，除了默默接受生命裡自然分配到的以外，我不知道還能要什麼，我之外這個社會裡的人怎麼活著的，似乎和我發生不了關連。我想要嘗試突破些什麼，去和我之外的人們發生關連，你能了解嗎？」

「不可能發生什麼關連的！」虛風背過身去。

他們在校園內一塊被商店和宿舍圍出的「三角地」貼上大字報，幾天內這塊隱密的地方貼滿上百張大字報。各系所和社團還有一些其他的秘密學生組織，都有人動了起來，悼念胡耀邦，要求爲他的蒙冤平反，對於他一九八七年失勢沒力挽狂瀾表示愧疚，各種聲音在校園裡讀派、痲派、舞派、酒派學生間暗中激盪開。

陸沐負責去接觸學校裡動起來的其他組織，展開和其他組織代表的協商溝通，試著訂出一致的行動。顧森搭著火車到天津、上海等其他大學進行串連，呼籲他們響應悼念行動。白架遊走在校園各個隱密角落，發表演說鼓勵同學覺醒，和聚集在大字報前和同學討論，從宿舍的又擠又暗討論到政府的不民主。潘俊則負責募款，吸收更多同學加入他們的工作，並將志願工作的人分派去支援其他人。尙潔製作海報、影印傳單，並用信件和電報傳訊給其他學校。

北京各大學組成「學生團結聯合會」，在學校的體育場內舉行萬人大會，討論學生運動的策略。潘俊拿出募款的錢，請虛風到體育館內爲「團結聯會」拍照。虛風和白絮站在前端演講台旁邊的小側門，望著體育館裡黑壓壓的人頭，陸沐、顧森、潘俊都坐在最前排。

「這一陣子都沒時間和你多談，你還好嗎？」白絮趁大家亂成一團時，走到虛風旁邊，躊躇了一下，羞澀地開口。

「不像你那麼熱鬧，轉眼間成爲學生界的大明星，大演講家。」

「唉，你別說話折騰我，剛開始是陸沐他們說缺人，硬逼自己厚著臉皮去跟陌生同學交談，然後膽子愈來愈大，才敢站到木箱子上對著一群人講話的。」她覺得跟虛風好遙遠。

「把這麼多人聚在這裡是做什麼的？」

「藉著悼念胡耀邦，十萬人走上天安門，示威之後，一連串的抗議聲音從社會各角落湧出，《人民日報》竟發表『旗幟鮮明反對暴亂』社論，指學生被『極少數別有用心人士』利用，製造暴亂，所以學生準備發動全國性罷課。」

「潘俊對我說，他有點疲憊了，每天奔波著做些編名冊、分配工作、連絡這個連絡那個的瑣事，看著你們在各個會議裡出盡鋒頭，眞有點不是滋味。他擔心繼續罷課下去，他要在這些煩人的瑣事裡變得面目可憎了。」

「政府方面的反應竟是不理睬，學生的情緒只有愈來愈高，壓不下來的。顧森高興得跳腳，覺得這正是求之不得的反應，提高政府和學生的對立面，可以累積動員學生的情緒基礎。」

「這是他一貫的運動技術，陸沐呢？他的反應如何？」

「陸沐有點擔心，他反倒希望政府給學生一點安慰，即使是哄哄都好。他說出乎意料引發那麼多人站出來，這麼大的一股情緒稍受挫折就會起火的，他心理負擔很大。但仍然贊成罷課，他說只有好好把握這次機會，才有希望做點改變。」

「你呢？你還要繼續吃這種英雄主義的鴉片嗎？」

「也許眞的是鴉片吧？但我吃的不是英雄主義那種。那天，我第一次跟著十萬人一起置身在天安門廣場上，我們用同樣的口氣談論一些事，對我們臂上配的黑紗有共通的情緒。我站在群衆闢出的一條通道旁，看著陸沐和另外一個別校的女同學，扶著白色花圈，一步步走近英雄紀念碑，獻給死去的胡耀邦。我的心跳聲突然變得無比巨大起來，像是廣場上的所有人心跳都匯聚到我胸腔裡，我那麼眞切地覺得我們的悲淒是融合在一起的，那一刻我發現自己活著這件事竟堅固地繫在這塊土地上。」

講台上的麥克風傳來委員會選舉的名單揭曉，陸沐和白絮的名字被念到。虛風向白絮說聲：「恭喜，星運亨通。」走出側門。

「全校學生籌委會」召開臨時學生大會，準備全面接收官派學生的學生會，以反制最近被官方策動的學生會，對外發表聲明指責自組學生團體不具合法地位，且拒絕承認其他團體立場的代表性。

尙潔驚慌地衝進小屋，見虛風在整理相片，眼淚如水銀般瀉地，抓起相片胡亂撕成碎片，驚呼：「事情爲什麼會演變成這麼醜陋呢？還沒擁有群衆前，我們像兄弟姊妹般親愛，一起冒險塞傳單在宿舍信箱，一起縮衣節食買油印機，沒想到有一點權力之後，就各自汲於爭權奪利，甚至可以像仇敵一樣大打出手！」

盧風趕到臨時大會現場，講台前扭打成一片，他一眼就注意到正中間那對，顧森扭著陸沐的衣領，連揮幾拳，陸沐用右手臂擋住，但嘴角已滲出一條血絲，一個學生從背後踢顧森的下胯。除了「籌委會」本身分裂為對打的兩方外，原埋伏在外的「學生會」人馬也加入混亂。潘俊的左手臂被一個頭上綁著「籌委會造反滾蛋」黃布條的人扭在身後，唉唉大叫。

「我代表八名『籌委會』常委點名批判陸沐同學，對於剛才他對外發布新聞，指稱『籌委會』贊成『學聯』接受和政府展開對談，是嚴重出賣『籌委會』的行為。」雙方決定移進宿舍的會議室談判。

「我也代表另外的九名常委回應顧森同學的點名批判，接受對談的立場是經表決後決定的，今後將領導全校同學由與政府對抗轉為爭取群衆的支持，降低尖銳的對峙。」

「既然要強行表決，不顧對另外一種堅持的尊重與溝通，那麼我們宣布退出

『籌委會』；另行展開打擊政府的游擊戰，對於保守派學生潛藏在深處的心機，藉著犧牲整個戰場以換取他們在社會中更好的地位，我們發誓要剷除這種罪惡。」

「對於顧森同學的『心機論』我們深表遺憾，但也要提醒將退出的幾位籌委，不要受到顧森的蠱惑。美國『氣象黨人』的『政治衝突學』是種不誠實的手段，將革命的熱情加在脆弱的群衆身上，終將爲群衆所背棄。」

會議室外，一個學生敲著鑼大喊：「北京市實施戒嚴了，三千名學生開始絕食。」顧森憤怒地拍桌，拂袖而去，陸沐抱頭趴倒在桌上。

9

白架，我帶你參觀一下這條忠孝東路，台北市的命脈。經常變動組合的台北車站在一端，像是便秘人曲張的靜脈瘤。蝸牛們占領的這一段百貨公司林立：巴而可、統領、SOGO、永琦，這個城市驕傲的標幟。

對了，你恐怕不懂證劵公司是什麼，有一張報紙貼在一棟大樓的公布欄裡，我們因此看到牆上住戶的欄中，九層樓裡有四家證券公司，我發現我離開台灣之後，顯然忠孝東路提供了台北市民另一種重要的生活方式。但從這些昂首闊氣的高樓大廈頂望下去，地面上一人一針織成一塊地毯的人們，顯得多麼卑屈。

一個滿頭亂髮的男人從敦化南路轉進來，背著一架紫色手風琴，沿著「睡眠區」，每走一段路就停在人多的地方拉一首曲子。他身體靠著樹幹，閉著眼陶醉在他製造出的音樂流裡，赤著腳，穿著褲管捲成一高一低的運動褲，幾顆扣子不扣的髒襯衫，睡著的人被喚醒，圍成一圈聽他的露天演奏……

Sarasate的《流浪者之歌》從絕食區傳出，口琴吹奏著其中哀怨的一段，廣場前成千上萬的學生或坐或臥，在東倒西歪的紅色旗幟下絕望地靜默。另外幾支口琴也吹起相同的調子應和，反覆吹著相同一段，像在講述一個古老的傳奇。悠悠緩緩的憂鬱後，拉長幾個尖細的音，像曠野中的哀嚎，接著一連串急切、節奏蹦跳的音子，難道流浪者他終於找到什麼了，還是顛狂前奔出的喜樂……

如果只有音樂就好了，人們在流浪者的樂聲中一起入睡，看它把我們的情緒結合得多緊密，可惜如今它只淪爲群衆憤怒戰鼓聲中間，一個小小的歎息。

十幾個穿著黃色塑膠背心的人，走近圍聽手風琴的外圈，向民衆們發選舉傳單，塑膠背心上印著一個黃姓候選人的像，這次集會前，蝸牛總部就一再呼籲所有候選人不要藉機宣傳。一個山地青年吆喝一聲：「選舉汙染來了，打啊！」傳單被撕成碎片，黃色背心被扯下踩上幾個黑腳印，助選員們被揪住衣領掄打，手風琴繼續像紫海葵般開合……

滿眼海域的綠色海藻包圍住將沉的猩紅島嶼，天安門廣場外的街道已密封上層層層層的綠蟻兵。白絮，我們騎著的那輛腳踏車輪輾過幾層的血腥？十多歲的小兵穿著白襯衫、綠布褲，被背上的槍械壓彎了身體，邊走邊揉溼潤的眼睛。夾道的群衆用發酸發臭的饅頭丟他們、用殘羹剩菜潑他們，叫罵：「小雜種，吃完你奶奶的狗食，滾回北大荒。」這些孩子不明白他們犯了什麼罪，因爲上級說是調他們來集訓。

你坐在後座，我感覺到你的手抓住我椅座的力道，你的手在劇烈地發抖，我轉回頭看你，你的身體僵直地挺坐在鐵椅上，強抑你的恐懼和驚駭，要將眼前大街小巷的每一幕牢牢刻進你腦裡。「哦！白絮，不要看！」當我同時踩下右邊的踏板時狂呼，來不及，你已看到——六部口的短牆上靠著一個連長，他全身焦黑像個橡皮人，頭顱被燃成幾個凹洞的一球黑炭，紅邊的綠軍帽扣在頭頂，黑硬的陽具突兀地僵挺在外，腳還靠緊做立正狀。你震驚得從座椅上跌下來，把頭埋到我胸前號啕痛哭，「虛風，軍隊和人民都發瘋了，這是一座獸城，難道我們都錯了嗎？」我要馬上把你帶離開這裡。

「別再打，放過他們吧，他們來這裡替候選人宣傳，也是替這場嘉年華會增添節目。」流浪的風琴手對山地青年說。

「這怎麼是嘉年華會，同胞，搞清楚啊，我們來這裡的目的是要政府抗議住屋政策的不合理，是要讓政府聽到我們的心聲。」

「政府在那裡？是頭上那些從高樓探出身拍照的人，還是剛才穿黃色背心順手塞給我們香菸，準備去當政府的人？」

「你這麼想就太虛無了，不想辦法把人民的不滿傳給政府，只會任他們繼續宰割下去。不滿房價的有上萬人咧，政府敢不管？」

「如果政府指的是總統，上萬人算什麼，他可以把另外的一千七百多萬人當成滿意的。在政治面前人的聲音太小了，像用一點紅顏料滴進海裡，想把海水變紅一樣。」風琴聲又嗚嗚地響起。

從天安門前湧出的血，噴濺滿北京市大街小巷的同時，正是台北的人們參加嘉年華會後，將進入夢底的時刻。白絮，我們仍然清醒。

⑩

軍隊開進北京市郊了，繼工人、醫生、律師、礦工、教員，連政府官員和警察也都加入學生，投進示威靜坐的行列。國務院發言人袁木接見官方控制的「全學聯」四十五學生代表，廣場上學生宣稱對談的可能性決裂。

這天學生們成立保衛天安門廣場總指揮部，十萬人聚集在天安門城樓前誓師，總指揮帶領大家舉起右手：「我宣誓，爲了推進祖國的民主化過程……頭可斷、血可流，人民廣場不可丟，我們願用年輕生命戰鬥到只有一個人。」虛風、白絮、尙潔、潘俊、陸沐排成一排手牽著手，站在城樓前的「世界人民大團結」標語下面。

「潘俊，我們分手吧。這個誓我不宣了，等會兒我就要搭火車回天津老家了。」熾盛的陽光照在地上的水泥方塊磚上，刺得尙潔睜不開眼，她突然開口說。一個多月來，她跟著大家像無頭蒼蠅般衝撞，她心裡迷惑的濃霧愈來愈攪不開。剛才麥克風傳來震耳的宣誓聲，一字一字嵌進她迷惑的核心裡，她恍然覺得這一切都像一場太不眞實的遊戲，想回家的欲望在抽緊她。

「怎麼我從不知你心裡有分手的念頭，這是爲什麼？」潘俊瘦長的身子在白色燈桿下倒成一條細長影子，他不敢相信，臉驟然繃緊。

「你當然不會知道，這一個月裡我們除了談論要到那裡籌錢、海報該怎麼寫、需要補給什麼用具之外，所說的話不比從前吃一頓飯所說的多。」一隻鳥在十公尺前相連ㄇ型的白色欄杆上跳躍。

「你在怪我冷落你嗎？難道你不能體諒在這個歷史的關鍵時刻，知識分子……」

「夠了，我不想聽。你左一句知識分子的道德責任，右一句知識分子的時代使命，但做起瑣碎繁重又沒有枱面上風光的事務，卻怨聲連連。說穿了，『知識分子』只是鞏固你菁英意識的標籤，參與政治也被視爲『高級公民』的特權表徵，而學運只是這種虛榮心的外顯化。」

「尙潔，不可以這麼說他。」白絮快速截斷尙潔的話，將她的身體扳轉過來背向陽光，潘俊心裡癱弱成一片，靠著燈桿坐在地上。

「白絮，你知道我再也受不了另一次高鴻的打擊了，這一個月來心驚膽跳擔心潘俊又會被突然抓走。我必須承認我沒有堅強到有資格做烈士的愛人。並且我也不知道我們究竟在做什麼？我在糧食供應處工作，十幾個頭髮花白的父母向我打聽他們子女的下落，他們眼眶裡轉著淚，每天市民們像打翻蜂巢般瘋狂地搶購糧食，他們恐懼軍隊開進市內鎮壓。

對於這些，我心裡沒有足夠的理由說服我自己：爲什麼要打翻蜂巢？父親寫信來，說他在教育部門的職員中已被列入黑名單，因爲他女兒被調查出參加學運。而我卻整天在這裡觀賞權力鬥爭的秘密電影！

小鳥從欄杆上跳下來，在地磚上輕啄麵包屑，尙潔壓抑著滿腔哀傷和怒火，用冰冷的語調說完，甩開白絜的手，大踏步跑開，像急於衝出滿布瘟疫的地方。小鳥被驚嚇飛起，灰白相馴的顏色錯雜開。

「尙潔眞的走了？」陸沐躺在紅藍白條紋相間的帳篷裡，雙腿跨在一個空紙箱上，背後墊著一床深藍色的髒棉被，有氣無力地問迎面走進來的白絜和陸沐。虛風低著頭在角落擦相機。

「我心裡有數，她遲早會走的。她在這場運動裡看到太多學生領袖的勾心鬥角、人民付出慘痛代價的風景。再加上從過去以來她還沒擺脫『法治』滲透到她『倫理』區域的潛在情緒，沒有堅固的行動信仰，確實會像站在沙堆上一樣。」陸沐點起一根菸，用烟黃的手指略顫抖夾住。

「那麼關於你所說的那些風景，你怎麼解釋？」虛風坐著把臉埋在雙腿間，用模糊的聲音爆出一個問號。

「在政治結構裡，避免不了權力的角力；權力的獲取是行動意志的樞鈕。所以若因人的私欲是動機的一部分，而視權力鬥爭爲絕對的惡，是浪漫式的虛無。

而對抗一個盤根錯節四十年的威權政體，即使砍它一根鬚，人民都要血流如注，但不砍卻要世世代代被它所奴役。我比較傾向讓人民自己選擇要付出多少代價，學運領袖必須尊重人民。」

一個指揮部的指揮掀開帳篷布，拿著幾分今天的報紙，告訴陸沐原本支持學運的報紙和市民，開始要求學生撤離天安門廣場。陸沐臉上僅剩的幾絲苦笑完全消失，表情僵硬，兩手搓揉著他刺痛的太陽穴，菸掉在地上，餘燼微紅。

「陸沐，你該不會眞的順從這些聲音，等會兒指揮部表決時投『撤退』的票吧?你絕對不能這麼做，只有學生勇敢地堅持下去，才能帶給人民信心，影響他們改變軟弱的態度。」白絮衝口而出。

「昨晚我已經被指揮部撤職了，近日調來楊尙昆的一些嫡系軍隊，李鵬的強硬策略漸漸全面控制住黨內意見，我相信再繼續下去，軍隊會受令進行鎭壓的，其他指揮群起攻擊我散布謠言。」

陸沐想到他所受到的誤解、孤立待遇，以及這些日子以來他在各項學生代表會議裡的艱辛作戰，一時之間千瘡百孔都如浸入了鹽水。但心中那股持續燒了多年的熱情仍撞擊著他，他竟覺得快被與其他學生間的衝突吸乾精力。不甘心，他試著要用右手撐坐起來，又跌躺下去。

「雖然想拯救人類，或至少希望以某種手段對他們有所幫助，但一方面卻又感覺到對此完全無能爲力的時候。我可要說，由於我們深深體會了人類的苦惱，在我們心中，對人類的愛反而可能變成對人類的恨了。」陸沐像朗誦般念背出一段話後，自顧自地閉著眼大笑，笑聲令其他人鼻酸。外面傳來刺耳的麥克風聲音：

「李鵬，你聽著，我們曾懇求你去生存並讓人生存，你去愛也讓別人愛，但你所選擇的卻是殺和被殺，希望上帝會憐憫你已失去的靈魂！」是顧森，風颳得篷布沙沙作響。

厚重的黑暗包圍著廣場，一輪殘缺的月高懸在天空，學生們身體挨著身體圍坐著，舉辦簡陋的夜間演唱會。虛風和白絮從街上回來後，向大家報告解放軍和市民巷戰的慘烈狀況，每個人心中的絕望和淒苦像燒乾了水的鍋底。夜風拂來一絲又一絲甜甜的淸涼，但卻沖不散瀰漫在空氣裡黏濃的鹹苦。

中間空出的圓形空地上，一個長髮男孩弓著身彈電吉他，另一個穿橫條運動衫的學生將麥克風桿夾在腋下，跳躍著嘶吼。白絮和盧風坐在一起，她注意到對面陸沐和顧森也恰巧相鄰而坐，節目進行了一個多小時，兩人都注視著前方沒說半句話。但當大家一起合唱〈龍的傳人〉時，顧森從口袋裡掏出一根揉縐的菸，遞給陸沐，陸沐含笑看了他一眼，把手搭在他的肩上，兩人一起搖晃身體大聲唱歌。白絮轉頭看盧風，眼眶裡一顆淚浸溼睫毛，盧風微笑著點頭。

「我們今晚也暫時休兵，不要彼此虐待好嗎？」白絮眨動溼睫毛，輕聲試探地問著。

「嗯！」盧風用手指將嘴角推成微笑狀，表示答應，心裡卻深深地歎息，兩人雖然坐在一起，卻如隔著一道斷崖。

「你知道嗎?這一個多月來，雖然受到很多挫折，但是我長大很多。」

「學會做革命家？」盧風開玩笑道，卻產生感動的悲傷。

「你又在虐待我了。我想我從父親那種『一切向前看，不要停下來懷疑什麼』的犬儒箍咒裡解放出來了。當我連他都幾乎要失去時，我頓時驚覺我所住的詩意田園畫，只是一幅空畫框，我的虛僞感致命地被踢到。我知道我得重頭尋找起我的誠實感受，即使是要粉碎自己安定的生活。」白絮用手掌擦乾眼睛，雙目映著月光。

「那麼，政治是你誠實感受的歸宿囉？」虛風閉眼想她的長大。

「不，投入學運是當時活生生臨到我頭上的處境，我不想再讓自己毫無理由地拒絕，我想嘗試另一種生活方式。卻意外地在裡面體會了與別人共同活著的感覺，我生命裡某種熱情被點燃了，不光是對政治或人類愛，而是我能像陸沐他們一樣大大地肯定什麼，應該是『哦！我是在活著』的那種。」白絮的身體像會發出光。

「那麼，多保重，我不想看到你死。」

「我死了會怎麼樣？」

「很難過。」

「這句話對我很重要。」白絮眼睛霎時紅了起來。

搖滾樂聲在大地上震動，男女學生擁進中間的空地狂舞。這時潘俊突然奔進舞場裡，衣服上沾著血跡，自從尙潔走後他也消失了幾天。他跛著腿頽倒在白絮的膝前，天邊傳來一聲轟雷般的炮響。

忠孝東路上，接近四、五點，天邊藍黑的雲敷上一層薄黃，許多從露天眠床上早起的人們，擁進整夜疲於呑吐客人的「肯德基」。我們倆被刊在全世界報紙上的那張合照，被一對情侶貼在他們各自所背的高中書包上。男的用鉛字筆把我的臉塗藍，女的則把你的臉塗紅，我望著你的臉，你也正羞怯得殷紅望著我。

我彷彿聽到你重複地在對我說：「我有一種責任感，我必須爲這麼多生命負責。」像空谷的回音，回音的回音。人民大會堂前，你和幾個比你小的學生跪著，你們一遍又一遍喊著：「官員們，請出來聽聽同學們的心聲吧！」你的額前被汗水黏住幾絲頭髮，聲音啞得像粗礪在彼此摩擦。你跳起來大叫：「走吧，不要再玷汙我們的膝蓋。」把那些虛弱的學弟妹們一個個扶起，爲他們抹去臉上的淚珠，我站在冰冷的石柱後在心底吶喊：「跟我走，你沒有責任！」

白絮，我想把你帶走，我想把你從這塊焦黑的土地上帶走，讓我們到一個繁花肥草的無人島——但我沒有資格。

這一段日子以來，我看著你像隻寄居蟹一樣，慢慢地伸出身體向這個世界試探，最後竟能完全露出身體，背著潔白無瑕的重殼，矯健地在沙灘上疾行，尋找你的水澤地。我從黑暗裡眨著電光般的眼注視著你，你殼上細緻的紋路，你試探的身形，你疾行的方位，都成了我睡夢中的地圖。

但我在太深邃的黑暗底，無盡光年外的北極星帶，如何向陽光敞亮的地表沙灘挺進？你問我為何有如冷漠般的沉默——只因我太熱中於泅回我夢中的地圖記下精確的喃噥。

倉庫的那幀照片還在嗎？那段假期為何你要不斷地敲我的門。其實眞的無法把大門當著面砰一聲關上的，是我。我不知道是什麼吸引你走到我身邊，對我做那些嬰兒般的告白。我看到你了，看到你將要醒過來把靈魂塡塞進空洞軀殼的樣子，那對我爲害多麼大，你卻嚴重缺乏想像力。

我去找你，是我自己要去找你的，要向你要回我安靜的靈魂，你還有你父親兩個人，切傷了我感情的死肌，多年來我磬石般安全地埋在死肌裡。躺著，黑暗開始騷動，除了翻過去死亡那邊外，我知道我得出去戰鬥——到你面前殺死你，用什麼方法。

宿舍湖邊那夜，我竟滴下黑澀的眼淚，爲你們父女倆，那是從我母親的病院走出後發生的第一次奇蹟。攝影旅行途中，我想搖醒你：「喂！我要殺死你。」你竟靠在我的身上，沉到無邊疲倦與虛弱的疆域，醒來閃動一雙彷彿可以相信一切的眼。我被誘惑對這雙眼做嬰兒的告白，你輕撫我的髮說：「看著我，一切都過去了。」你想用海水淘洗我無盡的髒與惡。我對我自己犯罪，逃開逃開。

你選擇走進政治的荒漠裡，我找到殺死你的好方法：努力仇視你。我相信我有足夠的理由，但每晚我在小屋裡決定要仇恨你，夢裡就會聽到你在叫我。隔天只能垂頭喪氣地走向你所在的場所，隱在你身後看你開會、演講、絕食，卻又得在被你發現時張開全身的刺刺你。像回力球，死命打出去，更用力地彈回來。

我說過，我一直是一隻「幸運老鼠」的。人，只會使我受苦。

「我發現人們活在一個太虛假的社會裡，我要努力讓這個社會眞實起來。」

你說。

絕食團絕了七、八天食物，有人甚至絕了五十幾個小時水，你激動地說：「爲什麼我們要這麼可憐兮兮地伸手說：給我一點自由吧！」動手寫遺書，準備自焚。我把你的遺書撕碎：「世界不是照著你天眞的法則運作的。」我破口大罵。

我們都走進政治的叢林裡，天眞受挫，我逃開，明白遵從世界既存的法則才能保衛天眞。你卻是一往無前地走進去，不惜犧牲生命，要實現你對世界天眞的期望。

若自焚後，無論這個社會有沒有改變，你卻會眞的活在一個你想要的社會裡了。我震驚於你所顯示的另一條生存道路，這是我從沒想過的更任性方法。但我迷惑了，我的冷漠和你的熱情不是同一種寂寞無助嗎？

「肯德基」的價目表上，羅列著炸雞、餐點、飲料的名稱，人們擠在櫃台前進行精挑細選。帶著與他們「對號」的食物進入擁擠不堪的座區，拔開高頻的音量，談論忠孝東路一夜的奇聞妙事，大嚼一頓自己的食物。最後夾在一群中擁出電動門，電子板上打著：「歡迎光臨，銘謝惠顧。」

清晨五點，蝸牛總部宣傳車上傳來擴音器的聲音：「各位親愛的無殼蝸牛，感謝今晚的共襄盛舉，現在宣布，無殼蝸牛露宿街頭的活動到此結束，離開前請到前面留下您的連絡住址，緊接著展開的抗議活動我們將再度通知您。」人們從睡眠中甦醒，揉著惺忪的睡眼……

廣場上的燈瞬間統統熄滅，鴉雀無聲了幾秒後，爆發出一片驚恐的尖叫和哭聲……西裝男人從睡袋裡爬出，邊結著領帶，邊伸手進另一隻睡袋抓出兒子說：「確實好無趣，我們可以回家看電視了。」……黑暗中閃動如密林般的人影，戒嚴軍衝進廣場，向紀念碑方向對空掃射，清脆的子彈聲像美麗的烟火在天邊爆開一片燦爛……

老人把鬍鬚拽到身後打起太極拳：「旁邊這個啤酒肚『人肉秀』還做不夠，還在睡覺？」……密布的紅旗仍在夜空中飄蕩，學生手連手在黑暗中摸索著奔跑，最前面整排學生應著槍聲，像骨牌般秩序地倒下。後面的同學如狼似虎地踐踏過這些身體，血紅的肢體代替照明燈，閃著光澤。

就是這個時候，白絮。我們被人群沖散了，我隔著幾個人清楚地看到你在前面幾公尺，右手攙著腳淌血的潘俊踉蹌向前。左手邊另一個額頭滲出血的女孩，匍匐在地上扯著你的褲管央求：「帶我一起走吧。」你跪下來抱著她哀泣：「我帶不走你。」……

你還記得嗎？杜斯妥也夫斯基說：「『無能爲力』就像一面石壁，當然，我不能一直以自己的頭去撞石壁，我不會有這種力量，而我也絕不會只因那是石壁，就一點都沒有破壞它的力量。」……

「白絮，閃開。」嗒嗒嗒，一排子彈掃過你們三人，我到不了你那邊。陸沐和顧森他們倆還坐在白色的「民主女神」下面，笑著對我說：「我們不走了。」搭肩並坐著抽菸。血噴湧出來時，你也正用雙肩扶著他們兩個，吃力地要站起來……

「但大自然對你們的希望是不加以理睬的，它才不管你要不要，你只有按照它原來的結果來接受，石壁到底是石壁！」……

我擠到你身邊，把潘俊壓在你身上的身體搬開，用手爲你梳理頭髮，心底竄上一股甜涼的喜悅——「我不想獨留在這種世界上」，按下快門，總算將你攝進我的相機，就把這美留在這裡吧！我的背剛好扎進三枚子彈，我的身體扭動著《牧神的午後》……

收垃圾的清潔隊員將整條忠孝東路的垃圾堆積起來燃燒，人們伸著懶腰迎著耀眼的陽光，踏出這條黃金道路……廣場上的帳篷、棉花覆在屍體上，被灑上透明的汽油，點火燃燒，濃黑的烟龍飛騰上天，石磚地上被清水沖洗得不留一條痕迹……無數的報紙細屑靜靜地向上飄飛。

早晨好清涼

唉，好想到無人的街上走走！

（一九九〇年第四屆聯合文學小說新人獎中篇推薦獎）

藍色時代（跋）

賴香吟

一九九五年八月二十三日，行在夜雨大街，手頭才打完了這本書的〈自述〉，句點落在一九九一年十月二十五日。恍恍然四年，妙津要獻身藝術竟是那麼久遠之前就已明白的事。我抬頭望望這夜雨台北城，久違多年，雨滴淋落我荒漠的心上，竟然，有些生疏。

關於我的朋友邱妙津，這樣的主題，今年夏天以來，在客觀上，在我心上，許多文字追索著我，然而，我卻遲遲未能進入狀況，除了是一個託付，一個消息之外，我實在無法明確抓到事實：關於生命中最親愛的盟友妙津，從今而後，不

再與我並立在這世上——這樣的敘述，是什麼？那其上將有多少意義是我必須承擔，又有多少體驗日日後後將在我心上發生？

我不明白，也或是我不肯明白。編輯說：（最後，你是不是該寫些文字呢？）我搖搖頭，對自己搖了搖頭；颱風雨不停歇地颳著吹著，人們都回家去了。我眞寫不出來自己究竟「失去」什麼，畫不出來「失去」的容顏，也說不出來妙津的人生。妙津走後，獨處之時我每每恍惚；彷彿過去的時代已經隨著妙津的棄守而結束了，人生此去只能是一個新回合，種種關於意義、理由、幸福與困頓的情感的地圖，似乎都已經闔上——雖然旅行並未眞正走到結束的時候。

八月二十七日，結束了過去一個多月的忙碌擺盪，我坐在北海某處港口，等待晚霞爲這個無情的夏天畫上一小抹安慰的句點。

（若說我們是知己，我們眞是知己，知己是碰著面可以拿彼此生命最深刻、最難堪處嘻笑怒罵，不相見時閉眼又能歷歷看見對方身上每個傷痕；眞正的不忍心吧。）

眞正的不忍心，晚霞裡歷歷看見妙津的形影。即使傷痛驚愕都已退遠，從今而後，生命的任何場景中，我或許還是會這樣無聲無息、「重複地想起」妙津，想起妙津和我經過的童稚歲月，想我親愛的盟友，是妙津自己寫的知己，是一般行走，一同思索，一起呼吸的，即使人世生活了無相涉，我們也還看著對方在做什麼，將要做什麼的盟友。

妙津的生命，從起點開始，就始終熱烈、鮮明，除了她自己，幾乎沒有什麼可以阻擋住她。早年，我們之間也曾因爲彼此性格的差異，以及她那遮掩不得、過於炙熱獨斷的藝術情懷有過爭執，但是，這幾年來，我看著她愈趨純粹，愈見沉穩，漸漸體會到她原來不是一個徒徒只有狂妄的年輕藝術家，相反地，她是那樣虔誠、包容，嚴格自求也隨時敬重典範的學習者。在同代的友朋間，如她這樣「古典地」磨萃自己，同時又能在現代的繁複形式中不斷地鑿切精神性的人，已經非常稀少了，這就是她在人群中的突出動人之處。見過她的人，莫不爲她的狂情而動容，也莫不因她的溫柔而諒解；她的激情如果眞令人感到可惱，那也不過是因爲我們欠缺經驗或是沒有勇氣，即便是走過同樣路途的心靈，也該爲她的純潔熱情而喚動過往的情愫吧。

九月三日，我獨自走過關卡，飛往異地，回頭去望已無人影，只有行李裡仍然留著殘缺的稿子。

還該寫些什麼？關於妙津，關於我最想將之顯現出來的她的影像，兩個月以來，我一直只有寫好這樣的句子：（**我的朋友邱妙津，她的生命中存在著兩個重要的主題：愛與創造。**）

她對這兩個主題的追求與完成，是真摯的信仰，是持續的努力，是殉身的熱情，全指向一種藝術的追求。

「我如今相信：熱情、創造力與人類深度的關連，和之於人類精神領域更深的探觸與了解，這才是我的生命所渴望，唯一不能或缺，甚至已成為我本性的東西。」

她知道得如此清楚。

一九九五年六月二十五日，她給自己的人生創造了終點。這樣的朋友，這樣的悲劇，或許將成爲相近心靈之間一個傳說的人物，但是，一種藝術的人格，一分哲學生活的探求，如此的信念與態度更是她值得我們去閱讀、理解之處——那是我們心中存有過的熱情，也是我們都失去了的飛翔的天堂。

先選在這本集子裡的是她早年發表過的一些作品，讀來當然欷歔，但顯現在作品中的與其說是作者的內影，倒不如視爲作者的鍛鍊，如〈自述〉所傳達，是在客觀上爲了接近「創造」的主題，所以必須要求的一種清楚的自覺，一個階段性的努力，一些成績。至於「愛」的主題，或說是發源於「愛」之上的「創造」的表現，我們已經失去目睹的因緣，她已離世，尚未開始書寫她最精湛的藝術主題，就已獻贖在精神的執迷中，這就是我們失去這個名爲邱妙津的年輕藝術家的最大痛惜。

尚未被稱爲偉大畫家的畢卡索，早年在巴黎來去一段時光，也是在這裡，他失去了摯友，畫了許多氣氛憂鬱的作品。那些畫面往往被一種輕靈且抑鬱深重的藍色所佔據，人物或立或望，或相擁細瘦的肢體，點點滴滴都透露出年輕畫家對人性歡苦的疑慮深情。妙津走後，我經常想起這段過往的故事，也再再憶及藝術史裡諸多年輕的靈魂。是恍然大悟，也是無言以對。

寫給妙津的藍色時代，留下見證，也盼望妙津的靈此刻正飛翔於彩虹之上。

叢書總目錄

001	人生歌王	王禎和著	定價140元
002	刺繡的歌謠	鄭愁予著	定價100元
003	開放的耳語	瘂　弦主編	定價110元
004	沈從文自傳	沈從文著	定價180元
005	夏志清文學評論集	夏志清著	定價130元
006	如何測量水溝的寬度	瘂　弦主編	定價130元
010	烟花印象	袁則難著	定價110元
011	呼蘭河傳	蕭　紅著	定價130元
012	曼娜舞蹈教室	黃　凡著	定價110元
015	因風飛過薔薇	潘雨桐著	定價130元
017	春秋茶室	吳錦發著	定價130元
018	文學・政治・知識分子	邵玉銘著	定價100元
019	並不很久以前	張　讓著	定價140元
020	書和影	王文興著	定價130元
021	憐蛾不點燈	許台英著	定價150元
022	傅雷家書	傅　雷著	定價180元
023	茱萸集	汪曾祺著	定價150元
024	今生緣	袁瓊瓊著	定價300元
025	陰陽大裂變	蘇曉康著	定價140元
028	追尋	高大鵬著	定價130元
029	給我老爺買魚竿	高行健著	定價130元
031	獵	張寧靜著	定價120元
032	指點天涯	施叔青著	定價120元
033	昨夜星辰	潘雨桐著	定價130元
034	脫軌	李若男著	定價120元
035	她們在多年以後的夜裡相遇	管　設著	定價120元
036	掌上小札	蘇偉貞等著	定價100元
037	工作外的觸覺	孫運璿等著	定價140元
038	沒卵頭家	王湘琦著	定價140元
040	喜福會	譚恩美著	定價160元
041	變心的故事	陳曉林等著	定價110元
043	影子與高跟鞋	黃秋芳著	定價120元
044	不夜城市手記	蔡詩萍著	定價130元
045	紅色印象	林　翎著	定價120元
046	世人只有一隻眼	凌　拂著	定價120元

劃撥帳號：17623526聯合文學出版社有限公司。如欲掛號，每件另加十四元。本書目所列定價如與版權頁有異，以各書版權頁定價為準。

叢書總目錄

048	高砂百合	林燿德著	定價180元
049	我要去當國王	履　彊著	定價120元
050	黑夜裡不斷抽長的犬齒	梁寒衣著	定價120元
051	鬼的狂歡	邱妙津著	定價110元
052	如花初綻的容顏	張啓疆著	定價100元
053	鼠咀集——世紀末在美國	喬志高著	定價250元
054	心情兩紀年	阿　盛著	定價140元
055	海東青	李永平著	定價500元
056	三十男人手記	蔡詩萍著	定價120元
057	京都會館內褲失竊事件	朱　衣著	定價120元
058	我愛張愛玲	林裕翼著	定價120元
059	袋鼠男人	李　黎著	定價140元
060	紅顏	楊　照著	定價120元
062	教授的底牌	鄭明娳著	定價130元
068	少年大頭春的生活週記	大頭春著	定價120元
069	我們在這裡分手	吳　鳴著	定價130元
070	家鄉的女人	梅　新著	定價110元
072	紅字團	駱以軍著	定價130元
073	秋天的婚禮	師瓊瑜著	定價120元
074	大車拚	王禎和著	定價150元
075	原稿紙	小　魚著	定價200元
076	迷宮零件	林燿德著	定價130元
077	紅塵裡的黑尊	陳　衡著	定價140元
078	高陽小說研究	張寶琴主編	定價120元
079	森林	蓬　草著	定價140元
080	我妹妹	大頭春著	定價130元
081	小說、小說家和他的太太	張啓疆著	定價140元
082	維多利亞俱樂部	施叔青著	定價130元
083	兒女們	履　彊著	定價140元
084	典範的追求	陳芳明著	定價250元
085	浮世書簡	李　黎著	定價200元
086	暗巷迷夜	楊　照著	定價140元
087	往事追憶錄	楊　照著	定價130元
088	星星的末裔	楊　照著	定價150元
089	無可原諒的告白	裴在美著	定價140元
090	唐吉訶德與老和尚	粟　耘著	定價140元
091	佛佑茶腹鳾	粟　耘著	定價160元
092	春風有情	履　彊著	定價130元

劃撥帳號：17623526聯合文學出版社有限公司。如欲掛號，每件另加十四元。本書目所列定價如與版權頁有異，以各書版權頁定價為準。

叢書總目錄

093	沒人寫信給上校	張大春著	定價250元
094	舊金山下雨了	王文華著	定價140元
095	公主徹夜未眠	成英姝著	定價130元
096	地上歲月	陳　列著	定價120元
097	地藏菩薩本願寺	東　年著	定價120元
098	四十年來中國文學	邵玉銘等編	定價500元
099	群山淡景	石黑一雄著	定價140元
100	性別越界	張小虹著	定價180元
101	行道天涯	平　路著	定價180元
102	花叢腹語	蔡珠兒著	定價180元
103	簡單的地址	黃寶蓮著	定價160元
104	在海德堡墜入情網	龍應台著	定價180元
105	文化採光	黃光男著	定價160元
106	文學的原像	楊　照著	定價180元
107	日本電影風貌	舒　明著	定價300元
108	傳奇莫言	莫　言著	定價180元
109	夢書	蘇偉貞著	定價160元
110	大東區	林燿德著	定價180元
111	男人背叛	苦　苓著	定價160元
112	呂赫若小說全集	呂赫若著	定價500元
113	去年冬天	東　年著	定價150元
114	寂寞的群衆	邱妙津著	定價150元
115	傲慢與偏見？	蕭　蔓著	定價170元
116	頑皮家族	張貴興著	定價190元
117	安卓珍尼	董啓章著	定價180元
118	我是這樣說的	東　年著	定價150元
119	撒謊的信徒	張大春著	定價230元
120	蒙馬特遺書	邱妙津著	定價180元
121	飲食男	盧非易著	定價180元
122	迷路的詩	楊　照著	定價200元
123	小五的時代	張國立著	定價180元

劃撥帳號：17623526聯合文學出版社有限公司。如欲掛號，每件另加十四元。本書目所列定價如與版權頁有異，以各書版權頁定價為準。

信用卡訂閱單

《聯合文學》

§郵購叢書

□一般讀者，享9折優待

□聯合文學雜誌訂戶，享85折優待

訂戶編號：UN________(為維護權益，敬請註明)

□請以掛號寄書(另加郵費14元)

書名或書號(請註明本數)

____

____

____

合計金額：____________元

■信用卡資料

信用卡別（請勾選下列任何一種）

□VISA □MASTER CARD □JCB □聯合信用卡

卡號：____________________________

信用卡有效期限：_____年_____月

身分證字號：____________________________

訂購總金額：____________________________

持卡人簽名：____________________________(與信用卡簽名同)

訂購日期：_____年_____月_____日

訂購人姓名：____________ 電話：____________________

寄書地址：□□□

____

填妥本單請直接郵寄回本社或傳真(02)7567914

請填妥後對折裝訂，直接投郵即可，免貼郵票。

廣 告 回 郵
北區郵政管理局登記證北台字7476號
免 貼 郵 票

聯合文學出版社有限公司

台北市基隆路一段180號7樓

服務專線：(02)7666759

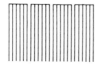

更方便的購書方式：

(1) 信用卡訂閱　填妥「信用卡訂閱單」，傳真或直接郵寄回本社

(2) 郵政劃撥　　聯合文學出版社有限公司　帳號：17623526

◉ 凡以上列方式郵購叢書，可享9折，雜誌訂戶85折優待

◉ 服務專線：(02)7666759讀者服務組

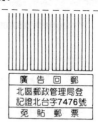

《聯合文學》 寂寞的群衆 書友卡

感謝您購買本書，這一小張回函，是專為您、作者及本社搭建的橋樑，我們將參考您的意見，出版更多的好書，並提供您相關的書訊、活動以及優惠特價。

姓名：______________

地址：______________

電話：______________ 職業：______________

出生：民國____年____月____日 性別：______

學歷：______________

您得知本書的方法

□報紙、雜誌報導 □報紙廣告 □電臺 □傳單 □聯合文學雜誌

□逛書店 □親友介紹 □其它 ________

購買本書的方式

□ ________ 市(縣) ________ 書局 □劃撥 □贈送

□展覽、演講活動，名稱 ________ □其他 ________

對於本書的意見（請填代號 ❶滿意 ❷尚可 ❸再改進 請提供建議）

內容 ____ 封面 ____ 編排 ____ 其它 ______

綜合建議 ______________

____

____

您對本社叢書

□經常買 □偶而選購 □初次購買

您是聯合文學雜誌

□訂戶 □曾是訂戶 □零售選購讀者 □一般讀者 □非讀者

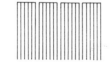

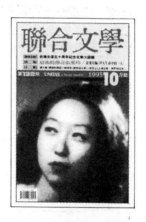

聯合文叢 093

寂寞的群衆

作　　者／邱妙津
發 行 人／張寶琴

總 編 輯／初安民
主　　編／江一鯉
美術編輯／吳月春
校　　對／黃玟嘉

出 版 者／聯合文學出版社有限公司
地　　址／台北市基隆路一段180號7樓
電　　話／7666759・7634300轉5106
郵撥帳號／17623526聯合文學出版社有限公司
登 記 證／行政院新聞局局版臺業字第6109號

印 刷 廠／世和印刷企業有限公司
總 經 銷／聯經出版事業公司
地　　址／台北縣汐止鎮大同路一段367號三樓
電　　話／(02)6422629

出版日期／84年9月　初版
　　　　　85年6月　初版二刷
定　　價／150元

ISBN 957-522-122-2　　Printed in Taiwan

國立中央圖書館出版品預行編目資料

寂寞的群眾 / 邱妙津著. -- 初版. -- 臺北市
: 聯合文學出版 ; 臺北縣汐止鎮 : 聯經總經
銷, 民84
面 ; 公分. -- (聯合文叢 ; 114)
ISBN 957-522-122-2(平裝)

857.63 84009624

07/14 98
Taipei [illegible]
[illegible] Kay
Kay